神學

Theology: A Very Short Introduction

Theology: A Very Short Introduction

神學

福特(David F. Ford) 著
李四龍譯

OXFORD
UNIVERSITY PRESS

Oxford University Press is a department of the University of Oxford.
It furthers the University's objective of excellence in research, scholarship,
and education by publishing worldwide. Oxford is a registered trade mark of
Oxford University Press in the UK and in certain other countries

Published in Hong Kong by
Oxford University Press (China) Limited
39/F, One Kowloon, 1 Wang Yuen Street, Kowloon Bay, Hong Kong

First edition published in 2016

神學
福特（David F. Ford）著
李四龍譯

ISBN: 978-0-19-941667-7

3 5 7 9 10 8 6 4

English text originally published as *Theology: A Very Short Introduction*
by Oxford University Press © David F. Ford 2000

目　錄

圖片鳴謝

第一部份
領域的描述

第一章
導論：轉型之中的神學與宗教

神學，最寬泛地説，是要思考各種宗教及其所提出的問題。我們在下一章要對學院神學(academic theology)給出更為準確的定義，但現在是要指出這個領域的研究範圍。

在世界人口中，大約有四、五十億人直接參與世界幾大宗教，其他許多人也受到了這些宗教的影響，或者對它們所提出的問題感興趣。媒體對宗教抱有極大的熱情，通常是説些壞消息(當然，他們這樣做，也情有可原)。在世界的熱點地區，或其他相對緩和的地區，許多(可能是絕大多數)衝突有着重要的宗教向度。我在此刻寫作之際，就能回想起過去幾個月來的新聞故事，它們牽涉到各個地區問題的宗教事務，譬如在北愛爾蘭、法國、前南斯拉夫、前蘇聯的許多地區、中東、中國及其西藏地區、印度、巴基斯坦、阿富汗、緬甸、斯里蘭卡、印度尼西亞、美國、墨西哥、薩爾瓦多、巴西、阿爾及利亞、蘇丹、埃及、尼日利亞、南非、盧旺達、布隆迪和肯尼亞等。

這還不過是冰山一角。在如此之多的世人中間，宗教何以會引起如此之多的爭論，何以會變得如此重要？當他們發現一種宗教瀕於危險時，就會發動戰爭、忍受苦難，付出巨大的犧牲。這個答案就關係到如何從整體上型塑生活。顯然，在各種不同的社群(communities)或個體生活裏，宗教多少能夠扮演一定的角色。但是，它通常能同時型塑許多層面的生活。多少世紀以來，這些主要的世界信仰影響了整個人類文明，並且與不同的文化、經濟和政治體制相安共存。就個體而言，宗教的參與經常會影響到他們如何看待現實，影響到他們相信或思考甚麼東西、怎樣去感受和行動、和誰結婚，以及其他所有關係到認同(identity)的重要事情。

假使情況誠然如此，那麼，無怪乎宗教之間會有無休無止的爭論。暴力犯罪最多的場所是家庭，這個場所通常聚集了人們最深的感情、最近的關係和最強的約束。宗教用來支配人的方式，和家庭生活有着許多的相似性，並對他們的成長與行為方式至關重要，既有壞的影響，也有好的影響。「至善的腐化是至惡」，所有這些事情表明，許多東西會引發最為可怕的錯誤。它們如果沒有如此深刻地觸及我們，也就不會有這樣大的破壞力。

宗教也像家庭一樣，它的許多後果影響之深、範圍之廣，幾乎使人意識不到它們的存在。所以，即使是那些已放棄他們的家庭或信仰的人，通常還會受其影響，為了獲取一種滿意的生活，逐漸地也需要另一種類似家庭或信仰的東西。對於這些出現了信仰危機或者正在轉變信仰的人來説，他們想要努力解決這些大問題，因此，不可避免地就要面臨最寬泛意義上的神學。

有些主要在家裏持有某種信仰的人，也會有他們的大問題。全世界的宗教擁有數以百萬計的實踐者，專心致志地實踐他們的信仰及其意涵。那些總是會冒出現的問題，要麼沒有現成的答案可找，要麼會有一系列可能的答案。上帝(或安拉 Allah，或某種信仰所用的任意一種相應的名稱)，如何介入今天這個世界，如何介入我們自己的生活？我們應當教會孩子們甚麼東西？安樂死(euthanasia)是不是在任何情況下都是錯的呢？在家庭、學校、工廠和軍隊裏，我們應當保持怎樣的道德標準？現代科學為我們的信仰説明了甚麼？我們對於罪惡(evil)有沒有一種解釋？我們如何理解死亡？甚麼是我的天職？我怎樣來解釋經文呢？我應當聽從甚麼權威，應在多大程度上聽從？我們對待金錢應當有甚麼態度？祈禱和崇拜應當有哪種優先權(priority)？如何證實、深化我們所信仰的真理？

所以，個人的境況不管怎樣，就某個信仰社群及其機構而言，神學問題就很有可能出現。

本書提要

本書是為那些希望管窺神學門徑的讀者而寫的。

我們要向他們介紹，歷代尤其是我們這個時代所提出的或回答的各種問題。

我們如果不是最先探索某個問題，那麼，向關注該問題的先輩學習，就會變得很有意義。只要我們對神學略知一二，就不難發現這樣一類有趣的社群：多少個世紀以來，世界範圍內的這群男人女人，都在努力解決我們的問題，或者提出我們未曾想過的新問題、新回答。學生們在了解我們現在或其他時期的大思想家時，都有一個共同的反應，「他們就是針對我們而說的」。但這句話也常能聽到：「真怪！這有甚麼意思？別人就怎麼會想到這些東西？」我希望，到本書結尾時，讀者不僅能體驗到這些反應，而且也能學會超越他們的方法。「這看來是真的！」「這決不可能是真的！」這兩種極端的反應，實際上都是研究神學的出發點。這意味着，它們會激勵我們想得更加深入，可以調動我們所有的資源，包括那些已被想得最充分的問題。許多人對神學問題非常着迷，但卻終其一生也不知道那些能讓他們想得更學理化、更深入、更有針對性的資源。本書旨在給讀者提供一次機會，好讓他們想得更透徹一些。

本書介紹神學，最重要的是為了研究神學，同時也是為了引導讀者從事這項工作。有些導言是從問題開始的，涉及到研究神學的可能性或方法論——討論其中涉及的推理或認知的種類，或者所需要的技能。

這些內容雖說重要，但我還是把它們放在本書的結尾部份。在此之前，我要完成兩件事情。第一部份，簡單地敍述我對當前宗教及其學術現狀的看法(就在這篇「導論」的其餘部份)，以及在此背景下的神學與宗教研究(在第二章)；然後在第二部份，我選擇了幾個關鍵的神學問題，作為神學思考的例子加以研究(第三至七章)。在此之後，我才詳加分析那些導向神學思考的東西：文本、經文和傳統的運用，歷史研究的性質，體驗的進路，理解(understanding)，認知(knowing)，證成智慧的絕對重要性(第八、九章)。第四部份(第十章)是結束語，展望即將進入的第三個千年的神學，還需要對此作了簡短的預言。

究竟要把神學定位在一個主流傳統裏，還是把它引入多個傳統裏，我對這個問題已經尋思良久。在決定把討論集中在基督教神學時，我已權衡過各種考慮。首先出於非常實際的原因，本書是一本「入門」讀物。宗教至少和語言及其相關文化一樣的複雜，也一樣的多樣，一樣的悠久，很少有人希望一本入門讀物同時覆蓋幾門宗教。我的原則，因此是盡量弄明白一門「語言」，而不是蜻蜓點水，最終也不過一知半解。在這套叢書裏，有些書論述猶太教、佛教和伊斯蘭教，但是，本書並不是基督教導論，而是要在它們梳理自己信仰裏的思想的基礎上有所補充。第二，在捕捉所謂神學思考的感覺時，有用的是具備某些相通的框架，而不是在每次介紹一個新話題時就要另起爐灶。這種做法會讓我們做得深入一步，章節之間會多一些聯繫，到我們表述第八、九章時，在涉及不同的經文、傳統和知識框架時，就能避免一項近乎不可能的複雜工作。第三，基督教是最大的世界宗教(目前的規模估計起來出入很大，但很可能在十二億五千萬到十五億信徒之間)，迄今為止，它擁有數量最多的教師和學生，專攻高級教育機構裏的神學，它能通過現代性的意蘊(下文對此有所界定)，進行深入的神學思考(這方面可能只有猶太教堪與比肩)。最後，基督教神學是我個人的學術專長。

所以，本書的神學思考，主要是通過基督教的例子，但在涉及其他的傳統，以及不同傳統的思想家之間富有成效的交流時，我也盡量通過思想比較的方法，從事神學思考。

多元控制下的今日神學

我在上面相當浮泛地描述了，神學問題何以能抓住各色人等，不管他們是否認同某種特定的宗教傳統。這種描述具有很明顯的彈性，可能適用於許多不同的時代和情況。就漫長的人類歷史而言，宗教曾經是重要的，定期地引發衝突和質難，人們不得不要去處理順從或不順從這些宗教的各種問題(儘管在有些社群裏，不順從很難得到認同)。現在，我想問，作為神學研究的背景，我們這個時代有甚麼特徵呢？

我的回答是，我們的時代似乎具有特別明顯的記號，表現為正在發生着的轉型(transformation)的步伐、程度和多面性。

「現代性」很難追溯。它始於歐洲的文藝復興(Renaissance)？伽利略？宗教改革(Reformation)？牛頓？南北美洲的殖民化？資本主義的興起？擁有軍隊和科層制(bureaucracies)的民族國家？啟蒙運動(Enlightenment)？法國、美國的革命與民主？工業革命？這些事件從不同方面昭示了一系列的變化。總的説來，這些變化在世界歷史上尚無先例，表明了宗教領域和其他領域一樣，也經歷了如此巨大的轉型，以至於從二十世紀的視角來看，無論我們把這個轉變定在何時，我們應該説，「之前」(before it)和「其間」(during it)表徵了不同的時代。這裏有文化的、科學的、技術的、宗教的、宗主權的(imperial)、經濟的、政治的、社會的和知識的方面。它們彼此互動，促進發展，產生了持續變化和不斷革新的動力，演變成為現代性的固有特徵。自從在歐洲廣泛出現以後(實際的產生是很複雜的)，這個動力就變成全球性的了，我們可以從諸多視角加以觀察，譬如：戰爭與軍備、資本主義市場及其跨國公司、交通、大眾傳媒和信息傳播，以及伴隨而生的諸如污染、毒品和傳染病等問題。

這個時代，從它的結果來看，處在被控制

(overwhelming)之中。上面提及的生活的各個方面，其中沒有一項能夠維繫真正的持續性，這就會引起嚴重的認同危機，包括個體、群體、民族、地區和宗教的認同。即使我們熱忱地致力於保留這種持續性，但是，這種保護性的努力和劇烈變動的內容表明，那些被保留的東西實際上已經不再和從前一樣了。

在整個這段時間裏，學院又是怎麼回事呢？十九世紀以來，隨着大眾教育在世界範圍內的風行，各個層面的教育機構得以大量擴增。與此同時，出現了史無前例的知識爆炸。所有傳統的學院科目得到了擴展，並且增加了許多新學科和分支學科。此外，信息傳播、儲存和恢復的新方法，使得全世界和古往今來的各種信息越來越多地能夠大批量保存下來，其結果是另一幅控制的圖景。即使我們開始能夠應付一個信息充裕的社會，因為社會的運轉日趨複雜，教育還是極為關鍵的。

宗教怎樣呢？因為它們觸及了生活的各個方面，所以深刻地受到了這些轉型的複雜影響。所有的主要宗教植根於前現代性(premodernity)，亟需和過去維繫重要的持續性，因此，持續的變化和現代性的摧枯拉朽，對於這些宗教的衝擊特別強烈。從為了「與時俱進」而棄絕過去的所有認識這一種極端，到抵制所有的變化以便保守所有習以為常的事物另一種極端，它們以不同的方式給予回應(每一種主要宗教自身也能展現全部的回應方式)。

在這種多元控制(multiple overwhelming)的背景裏，這些宗教還有一個更為關鍵的特徵。它們中的絕大多數本身也在受到各種各樣的控制，譬如，上帝(不管我們如何命名，指呈現在人類面前的超驗者)、超越於我們(這些引入激進的轉型的人)的天啟或誡命、崇拜、祈禱、冥想、禮拜，以及其他佔用我們所有一切的活動。用各種方法去應付控制，它們已經有了前現代的幾個世紀的經驗：不僅有上帝的控制，還有其他的控制，它們通常是人類境遇的一部份，諸如疾病、饑饉、戰爭、邪惡、性慾、貪財、好名、弄權、酗酒和暴食；此外，還有比較積極的控制，譬如對真善美的熱切追求。

換言之，每個宗教都是在各種或好或壞的控制裏，着手型塑生活的智慧。在前現代的時代，每個宗教都會經歷危機和主要的轉型，各種各樣的時勢所迫，連同其他的事務，促使該宗教進行深刻的思考和縝密的討論。今天面對它們的關鍵問題，是它們的思考與理解，包括它們其他的資源，能否在每個前沿問題上應付從未有過的變化。它們中間的每個宗教，都有數以百萬計的受過良好教育的信徒，投身於信息充裕的「知識社會」(learning societies)，每天都要面對挑戰，從傳媒或其他途徑得知各種取代自己信仰的選擇。他們回答的性質又是甚麼呢？

這裏正是我寬泛地定義神學的出發點。神學出入於現代性的變化，考量它自己的問題，從一個或多個宗教裏汲取智慧。對於信徒以及其他涉獵這些大問題的人來說，在日常的事務裏總會出現驚奇、懷疑、信任、權衡、討論、閱讀、傾聽、沉思、觀察和決定。各種各樣的影響，來源於崇拜、教育、小說的勸喻、工作經歷和苦難。誰能在作出判斷、決定和基本取向時，說清楚甚麼是決定性因素？還有諸如群體、社群、聯合會議、立法會議、宗教會議和行政會議，研究考慮起來更為社會化，通常也更官方化。凡此世間發生在頭腦、家庭以及更大的群體裏的活動，絕大多數會被眾多不曾直接參與的人所忽視。不過，在現代性的複雜情境裏，如何型塑個體生活、整體社群和傳統呢？就此而言，上述活動的質量則是至關重要的。

至此，我是在廣義地談論神學，即思考宗教及其所提出的各種問題。但我也提到了另一幅多元控制的圖景，即學院——我這裏指的是教育機構，特別是針對高級教育機構，諸如大學、繼續教育學院、職業學校和研究班。現在我要做出三點總結，把這篇導讀性的討論，和將在第二章全面展開的學院神學聯繫起來。

第一，學院裏的神學，處在我們上面描述的各種控制的會聚點上。這些宗教在根本上是受到了各種控制，也在經歷巨大的轉型；學院深刻地涉足現代性，既在型塑現代性，也在研究現代性，其本身也在經歷巨大的變化；學科的擴增與知識的爆炸，對需要許多學科的項目產生了特別強烈的影響。我們很難發現一門學科與神學、宗教沒有任何關係。下一章將會討論這裏觸及的問題。

第二，某些學院背景下的神學，處在特別敏感的境況裏。我指的是這些機構，它們並不由教會或其他宗教社群經營，但也在教授神學。這會有些風險：一方面，宗教社群可能並不真正「擁有」它，甚或有所懷疑；另一方面，其他的學科總想排除任何有別於它們自身的東西，例如，在阿拉伯語系裏為甚麼不開《古蘭經》研究，在古典文獻裏不設《新約》，絕大多數神學問題沒有放在哲學或思想史裏處理？但這也有好的可能性：神學和其他學科的聯繫更加豐富了；可以在這些機構和宗教社群之間思考；根據宗教的絕對重要性，無論是好還是壞，無論是在歷史還是在當代，可以確信有關宗教的意義、真理、實踐和美這些問題有其學術的價值。

最後還有一個問題，促使我們深化上面有關現代性的討論，對此應該有個簡短的結語。

神學與後現代性

我們現在的境況遠沒有「後現代」(postmodern)

現代，這個觀念一度非常流行。許多事物因此有了新解。我個人的解釋是，它首先是針對二十世紀給人們造成精神創傷的各種事件與發展，人們由此降低了對現代性的信心。世界大戰，法西斯主義及其恐怖活動，大屠殺(Shoah)，種族滅絕，核武器的使用，現代科學與工業的毀滅性、污染和不公正的後果，現代文化裏生活的瑣碎化，現代社會的性別主義(sexism)和種族主義(racism)，所有這些明顯減弱了現代性所具備的綜合優勢(superiority complex)，當然，這種綜合優勢是和以前的時代以及其他的文化「遺存」相比較而言的。換言之，前面羅列的大量的現代轉型，並不一定會變得更好。變化不必意味着進步。

哲學、神學和其他的思想領域，針對任何一種全面理解生活的方式，促成了一股徹底的懷疑情緒。它們尤其關注在人類生存中間相當關鍵的「整合者」(integrators)。

例如，我們試圖理解生活的一種方式，是把我們自己當作某種統攝一切的(overarching)歷史或戲劇的一部份。這可能是有關家庭、民族、上帝降臨塵世、人類進步、革命運動，甚至是電視肥皂劇的故事。後現代思想家極端懷疑這一類的整合經驗(integrating experience)，試圖表明這些故事還能有許多其他的表述方式。總之，他們顛覆了統攝一切的「形而上敍事」(metanarratives)觀念。形而上敍事，這個術語指通過故事化的情節來整合現實的方式。譬如，馬克思主義者認為，資本主義的發展之一，是通過革命進入無產階級社會；或者「人類進步的神話」，即歷史是一個持續改良的故事；或者傳統的基督教形而上敍事，通過耶穌基督的生、死和復活，説明從創造到歷史終結的過程。他們懷疑，形而上敍事，最初是有權者出於自己的利益給現實強加觀點的工具。取而代之的是，後現代則強調經驗與歷史的零碎的、甚至是荒謬的性質。

第二個遭到攻擊的整合者例子，是人類自我(human self)這個觀念。這個觀念可以被看作是綜合了人類的條件性、驅動力和吸引力，但在現代情境裏它已被拆零了，甚至是被粉碎了。從此就沒有個人認同的的中心，而諸多壓力，既從我們外在，也從我們自身內部(尤其是潛意識或無意識)，控制着我們。我們身陷重圍，因此就以相當武斷的方式，不斷地在發明、重新發明我們是誰。

第三個例子，是對理性或合理性喪失信心。這被認為是最為突出的表現。「知識即權力」，過去被用來統治人民。所以，他們有關理性的觀點與辯論就會產生很多的懷疑，因為這些東西被看成是權力群體攫取自身目的的強制手段。這些人竭力控制教育、研究方向、通訊，控制那些被認為有知識和有威信的人，以及那些被當作可信的、真實的東西。特別是對語言，他們尤為關注：語言果真能夠指稱現實，或者是一種為權力與統治服務的修辭？如果對語言認識現實的能力，及其創造可靠的、公共的意義世界的能力缺乏信心，那麼，推理(reasoning)也就不可能了。

後現代的這種懷疑，對神學會產生甚麼後果呢？神學總想有一個統攝一切的故事，在人類自我(或靈魂)裏，發現某種整合性(integration)與持續性(continuity)的東西，而這一點經常成為後現代思想家的主要靶子。極端的後現代主義，拒絕任何一種與過去的神學還有重要的持續性的神學。

不過，對於本書所要表達的神學觀念，後現代的思考也是有用的。如果有人聲稱，對敍事、自我和推理論據的極端懷疑是站不腳的(下面第八、九章將會討論)，那麼，儘管如此，這種懷疑仍然有它積極的後果，即能把現代性放在更好的視角裏。通過它對現代性負面的敏感，通過揭露各種合理性壓迫的可能性，這種懷疑就完成了自己的任務，因為這些合理性原本信心十足地(通常還很傲慢地)主宰着大片的現代生活。我們不再鄙棄前現代，想當然地認為那是過時的和無關的，或者假設我們已經超越了它。我們也不去沉溺於所謂的綜合優勢，懷着些許尊敬，甚或是一種期許，可以自由地調用前現代的資源：它們可能會給我們帶來許多啟迪。神學的這種做法，就是因為後現代性(postmodernity)在揭露近幾世紀以來造成驚人後果的「偶像崇拜」(idolatries)時非常有效。後現代的批評雖然有走極端的傾向，他們的懷疑滑向了虛無主義(nihilism)，但它的好處是揭示了現代的綜合優勢難以為繼。所以，深深地植根於前現代的宗教，能更加可靠地被想像成是當前生活與思想的型塑者。

後現代性最後一個相關的特徵，是通俗文化與「高雅」文化的混和。在建築、小説、詩歌、音樂、電影和其他媒體裏，我們常常發現，過去被稱作「高雅的」或「古典的」東西，現在以新的方式廣為接受，很難畫出一條明確的界線。這對神學來説是很重要的，因為，如果它與數十億宗教徒以及其他試圖回答神學問題的人的生活現實息息相關，那麼，神學就必須不斷地打破理論與實踐、高深方法與常人理解、準確的術語與常識的意義之間的界線。最偉大的神學家，除了知識的博大精深，還有一種把他們的思想與日常生活聯繫起來的能力。雖然後現代的思想在某些方面給人一種沉溺於晦澀的語言遊戲的印象，但也有它敢於衝破界線的一面，把彼此孤立的各種文化層面統一起來。對於任何一種自視對宗教社群、公共生活和學院課程負有責任的神學來説，這些方面都有很大的啟發性。

我們在下一章要更加詳細地考察學院背景下的神學。

第二章

神學與宗教研究：如何型塑這個領域？

上一章把神學寬泛地定義為思考各種宗教及其所提出的問題。接着從多元控制的角度敍述了現代世界，把宗教既當作控制的施為者(agents)，又當作生活的型塑者(shapers)，而神學就在此背景下求索它自己的問題。我也簡略地敍述了教育和研究方面的控制，特別是學院神學涉及到的地方。我還建議，被貼上「後現代性」標籤的現象，在某種意義上對神學是有益的。現在該是我們更詳細地考察學院神學的時候了。

我們怎樣展開這個寬泛的神學定義，使之適合學院神學呢？我的建議是，神學需要討論意義、真理、美和實踐的問題，而這些問題是由各種宗教提出的，並且要由一系列的學科加以研究。這仍然是很寬泛，因為它想包容在不同類型的機構裏的神學。放在不同的背景之下研究神學，這個事實是很重要的，也會引起人們的爭論。我們現在需要正視這個事實。

超越告解的神學與中立的宗教研究

如果你想研究神學這門課，那就很有可能去三種類型的機構裏的某一種。儘管有各種混合的、各種等級的機構，但為了簡單起見，我講述其中的三種基本形式。

第一，你能去那種認同某個教會或其他宗教傳統的機構。那裏的神學很可能是「告解的」(confessional)，要受到作為資助方的教會或其他團體的束縛。

第二，你能去某所學院或大學的「宗教學」系。在那裏通過幾門學科，可以研究幾種宗教。神學被看成是不同宗教生活的歷史與現象的一部份。那裏主要關心意義、分析、宗教思想與實踐的內在聯繫，包括如何聯繫它們的背景。通常並不鼓勵你去追問神學的真理，也不必去發展一種建設性的神學。

第三，你能去學一門「神學與宗教研究」的課程。這時，你有機會通過不同的學科研究各種宗教傳統，既可以用建設性的方式，也可以用描述性的和批評性的方式，去求索真理、美和實踐的問題。這樣的課程絕大多數設在大學裏。

我環顧了歐洲、北美洲和其他地方，在大學和學院裏比較「最佳實踐」(best practice)的例子，它的優點看來是能把神學和宗教研究聯繫起來，甚至更好的是，拒絕把這個領域簡單地分成兩部份。在宗教研究最好的某些中心，它們現在看來並不總是假稱：學者沒有地方能保持中立。他們也發現，認為在宗教的學術研究裏，不能超出某個框架去求索真理與實踐的問題，這是很武斷的。如果認可這一點，宗教研究就必然會允許，有理智的信仰(intelligent faith)能引發建設性的和實踐性的神學。這有點類似於經濟學系，該系不僅涉及經濟史、計量經濟學、各種有關經濟的描述、分析和理論的方法，而且也要涉及到貢獻一些型塑現在和未來經濟的方法。這類貢獻包括建設性的理論、較為可取的意見、社會和政治的方針，以及整體的世界觀。

在最好的神學中心，我們可以發現另一方面的補充運動。他們承認，如果上帝確實和全部的現實有關，那麼他們就不僅要參與通常是宗教研究的內容，也要參與其他的許多學科，譬如經濟學、醫學、自然科學和法學。神學裏關於美、真理和實踐的大問題，需要一系列的學科去盡可能徹底地說清楚。所有這些成就了一個運動，它並不簡單地取代「告解的」神學和「中立的」宗教研究。

但這並不意味着，這個領域要變成同質的(homogeneous)。這裏是指不同的機構可以用其他的方式區別開來，而不是通過簡單的二元論。我們進一步的關鍵問題是：現在憑甚麼區別它們？

神學與宗教研究的目的、責任

不同機構之間的明顯區分，是關於它們的主要目的。如果你去神學院或者其他有基督教會關係的機構，那麼，你所期待的最初的目的，是作為一名基督徒為加入教會和社會而接受教育和培訓，不管是以神職的還是以世俗的身份。大學院系的最初的目的，是展開有關各種宗教傳統的學術工作。但是我主張，神學和宗教研究應該各自為政。怎樣才能最清楚地描述它們的異同呢？

我建議採用「責任生態學」(ecology of responsibility)這個概念，雙方都能使用這個詞，但是各有側重。這裏有三種責任的基本取向。

第一種是針對世界範圍內的學術社群及其學科。這是一種盡可能學術化的責任，其目的是要公正地對待意義和真理的問題，同時也要處理承諾(commitment)、規範(norms)和價值的問題。這就要求研究文本、歷史、法律、傳統、實踐、機構、觀念和藝術等內容，這些東西和過去、現在的宗教都有牽連。這種研究取向，探求的是一種傳授的責任，希望給予一種盡可能完善的教育。

第二種責任，是針對教會和其他的宗教社群。這和踐履第一種責任密不可分，教會和其他信仰團體需要高質量的研究，討論與他們相關的問題，他們也需要信眾，以及其他受過良好教育、具備良好神學素養的民眾。宗教是一種受益於能和其他知識社群(learning communities)互動的知識社群，他們也需要開發自己的教育機構。宗教社群一旦對於研究、學術、有理智的信仰態度消極，或者不能理智地面對各種主要的問題、發現或進展，將會導致毀滅性的後果；但是，如果能把理智的信仰、深厚的學養和想像的智慧融合起來，那麼，就會引出一些特別的成果。

第三種責任，針對整個社會，可能最容易被學院和有信仰的社群忽略。在政治、法律、經濟學、傳媒、教育、醫學和家庭生活的許多爭論裏，宗教的、神學的關懷是基本的。但是，投注到這些事情上的高質量的、有教養的神學關懷又在哪裏呢？我們不可能完全公正地處理它們的複雜性，除非在學科之間、信仰社群之間、民族之間存在一種合作。這在當前的世界神學界可能是最為缺乏的。

如果「責任生態學」涵蓋了學院、信仰社群和社會，各種明顯不同的機構在此就會有相當不同的側重點。所有的機構在理論上都應當認可上述三種責任，但它們調節的餘地很大。在特定的場景下找到一個平衡點，這要經過深入的探討，在神學思考中扮演基本的角色。這在全世界的最佳實踐裏是顯而易見的事實。不過，這裏的要點是很清楚的：通過指出主要的責任，區別這個主題範圍內各種不同的型塑過程，要比在神學和宗教研究之間製造二元論令人滿意得多。

在本書的其餘部份，我主張，神學的興盛，最好是它既能受益於也能有補於各門學科、信仰社群，以及一些重要的公共問題的討論。但我們現在應該從這個領域的機構型塑(institutional shaping)轉向知識型塑(intellectual shaping)。

基督教神學的類型

從不同的背景考察基督教神學，情景顯然很不一樣。在我們進入特定的話題之前，我想繪制一幅這個領域的地圖，以便摸清我們的道路。我要提供一種基督教神學的思考方法(其實我還很想把它很好地運用到其他宗教的神學裏去)，幫助我們比傳媒或其他人通常所貼的標籤，更好地理解它的多樣性。

最常見的標籤來自政治學：保守神學、自由神學和激進神學。這些術語的好處，是能揭示基督教神學的一個關鍵問題：過去、現在和未來是怎樣聯結的？如果你是「保守的」，通常表示你想保持過去的一些說法，拒斥現在的變化；「自由的」，表示你對過去的權威立場比較溫和，對於適應當代需要的變化比較開放，其神學感召力是上帝的自由和上帝所賦予的自由。「激進的」，表示你對根本性的變化很開放，通常訴諸於耶穌和早期教會這些基督教的根基。

保守、自由和激進，這些標籤存在一個問題，即它們傾向於把實際上很不相同的神學合在一起。我們需要更好地認定這些神學類型，神學家們在風格迥異地處理過去與現在的聯繫時，產生了這些類型。美國神學家福萊(Hans Frei)一直試圖著述說明，十八世紀以來英美思想與德國思想如何處理耶穌基督，但是由於對這一時期神學的描述很不充份，他屢屢受挫。這些描述太粗疏了，以致無法抓住其中最重要的差異。所以，他決定做些改進，提出了我認為最有用的神學分類法(《基督教神學的類型》*Types of Christian Theology*)。他本人也很關心克服神學與宗教研究之間的分裂，他的類型圖非常契合本章所提出的機構型塑的結論。

五種類型和兩種極端

福萊的基本觀點是對神學的五種分類，其中對兩種極端和三種類型作了劃分。這兩種極端代表了聯繫基督教與現代性或後現代性的兩種截然相反的方法。

一種極端，即**類型1**，**完全凌駕於當代哲學、世界觀或者實際事務之上**。譬如，假定你是無神論的唯物主義者。你相信，物質是唯一的或終極的實在，萬物都能被理解，物質性的宇宙是無需進一步解釋的「殘酷的事實」。那麼，你就會高度懷疑基督教神學。你相信自己的世界觀更為可靠，在討論神學時你會用你自己的術語作出評判。你能從歷史學、發生學(genetics)、心理學、經濟學、社會學、哲學等角度出發，引出關於宗教和基督教的許多「解釋」。所有這些學科都能用非唯物主義的方法去理解，但你已被一種無神論的和唯物主義的解釋說服了。所以，不管它們是否適合你的框架，儘管絕大多數是不適合的，你還是用自己的框架去評判神學的陳述。

或者，假定你的基本承諾是某種倫理學的框架：尊重人類和環境，女性主義視角、關注人類幸福的最大化。你從其他的理由信受這些框架，在你接觸基督教神學時，它們規定了你的判斷。不像無神論的唯物主義者那樣，你會發現，你所評判的許多東西是可以接受的：這些倫理學的進路都有其基督教的翻版。但你並沒有參加基督教神學的討論：你早已有了自己的主意，正在接受適合你的框架的那些基督教觀點。

或者，假定你並不相信，任何真理或倫理的進路，在我描述的各種形式裏是可行的。對你來說，世界觀主要並不是用意念(mind)去理解，或者用意志(will)去行動，而是用想像力構設可能性。你不會像唯物主義者那樣宣佈客觀真理，或者宣佈你的行為的倫理準則。相反，你在捕捉各種可能性，你在尋找有意義的事情，當作愜意的生活模式。誰也不太可能給你的選擇提供一些標準，生活就像沒有外在標準的藝術品，你總是在實驗生活的各種選擇與型塑。基督教可以是一個想像的可能性的源泉，但它們必須取悦於你的藝術判斷。

類型1是一種極端，因為它從外部用一種既定的意念(或意志或想像力)，簡單地套用它自己的框架來處理基督教神學。不過，這代表了我們的文化對待基督教(或其他的)神學一種相當普遍的態度：假定神學是過時的、不真實的、不道德的，或者完完全全的狂想，我們只有在神學適合我們自己的框架時表示贊同，但是，我們和神學缺乏嚴肅的對話，甚至容不得它有實際的影響。這種類型對於最出色的神學通常一無所知，而且老是去諷刺挖苦基督教。但是，即使知道得很多，這種類型常常表現出許多前一章所說的現代性的「綜合優勢」。

另一種極端，即類型5，企圖重複經文的世界觀、古典的神學，或者基督教的傳統形態，用那些術語觀察所有的現實。這種類型對當代的框架與世界觀產生一種強烈的拒斥。類型1切斷了對話，因為它聲稱自己那套外在的框架具有優先地位；類型5也切斷了對話，因為它聲稱那套基督教內在的框架是足夠了。假定你是一位基督徒，相信《聖經》是上帝所說的道(Word)，在任何時候、任何場所下都是清楚的、沒有錯誤的、富有啟發性的；相信你(或你的教會)準確地理解了它的意義。其後的事情顯然主要是相信它，實踐它：其他的詢問很可能導致疑問、混亂，以及在實踐中分心。你可能被那些不同意你的人貼上「基要主義者」(fundamentalist，或譯原教旨主義)的標籤。但你會發現，他們也潛藏了和你不同的「根基」，於是，你高興地堅持自己的根基。(值得注明的是，絕大多數基督教基要主義者實際上並不完全符合這種狀況，譬如，他們經常刻意地用科學的根據為「創造論」creationism辯護。)

類型5今天有了比較高級的翻版。常見的一種，是與哲學家維特根斯坦(Ludwig Wittgenstein)「語言遊戲」(language games)的思想(在某種程度上含糊地)有關。這就是説，在我們的理解、行為和想像力的形成過程中，我們全都捲入到複雜的「語言」裏。基督教是這樣一種語言遊戲，它有自己的完整性(integrity)，你不必用其他的遊戲規則評判它，就好像不必把像棋的規則用到網球上。因此，用其他的語言遊戲，諸如無神論的唯物主義或者伊斯蘭教或者世俗的女性主義，都不可能充份地解釋或理解神學。神學的任務是要弄清基督教是哪一種「遊戲」，是要從中歸納出可資生活的結論。如果想用外來的術語論證基督教信仰，這是沒有意義的，將會導致遊戲的轉換。

類型1、5這兩種極端可以放在一起來看，因為它們都有一種傾向，即用一些既定的框架(無論基督教的或非基督教的)看待一切事物，排除了跨越界限進行對話的可能性。如果你是其中某一種類型完全忠實的擁護者，在絕大多數情況下，你就很難信服學院神學。但是，如果你對許多人類同胞認為重要的東西感興趣，那麼，你可能還想讀下去。那些沒有被類型1或5説服的人，還想嚴肅地對待它們，不僅因為數以百萬計的世人實際上集中在這兩端，而且因為它們是尖銳地質疑其他各種選擇的固定資源。

位於學院神學核心的三種類型

在兩種極端之間，還有幾種可能在學院神學裏被稱為主流的神學類型。

類型2帶有鮮明的外在框架，但也想弄清基督教神學特有的東西。在外在的哲學和世界觀中，有一些更為適合基督教信仰。為甚麼不從中選擇一種，用來理解基督教，說明信仰如何有意義、如何與現在有關聯？

二十世紀最有影響的神學家、《聖經》學者之一，布爾特曼(Rudolf Bultmann, 1884–1976)發現，存在主義哲學所提供的描述，與《新約》對人類生存的深刻分析相一致。我們生活在各種不安全之中，試圖選擇安全形式，結果是限制了我們好的可能性，把我們和別人、上帝隔絕了。有一種信仰上帝的可能就是採取這種方式：我們沒有發現錯誤的安全形式，所以，我們能自由地生活，沒有生死的焦慮，有愛、信任和希望。布爾特曼認為，《福音書》能使我們生活在這種自由裏面。這個好消息挑激我們作出決定，在生活中相信耶穌基督的道路就是上帝的道路。我們不必尋找安全的證明(在這些事情裏是不可能的)，但是，通過信仰的抉擇，我們發現自己被改變了，進入了一種沒有信仰的、難以想像的生存形式。明顯的類比是友誼或婚姻，缺乏長期的信任，你就無法簡單地認定好的友誼或婚姻應該是甚麼樣的。

所以，布爾特曼表示，《福音書》要以存在主義的觀點閱讀。他的神學的另一面是「解神話」(demythologizing)。他指出，《新約》作者及其以後的基督徒表達他們的信仰，不可避免地要用他們時代的世界觀。他以存在主義來認同他們所說的核心內容，使他從「神話般的」或與他們的世界觀迴然相異的內容裹，剝離出他們從不間斷的消息。

布爾特曼的策略，因此是運用當代思想去重新解釋在他看來是《福音書》核心的東西，拋棄其他的東西。這種策略，在別人那裹，運用的是非常不同的哲學和實際事務(practical agendas)。有時，這種策略傾向於類型1，哲學或實際事務取而代之，基督教看上去不過是它的幻影。不過，布爾特曼不允許存在主義如此這般地裁決基督教信仰。《福音書》的核心，是通過信仰與自由來改變人類生活。這就表明了使用存在主義術語的意義，但它的結果與無神論的存在主義(譬如馬丁・海德格爾或讓–保羅・薩特)極不相同。

類型3的出現，**是由於沒有像存在主義這樣的框架堪以充當整合的角色**。類型3正好位於這個範圍的中心，因為它拒絕承認，任何單一的框架是足夠的。對於基督教神學研究來說，所有的哲學和世界觀可能都是有用的。因此，最好的程式是：避免任何聯結基督教和其他理解形式的系統方法，從而建立它們彼此之間的對話。這裏的關鍵思想是「溝聯」(correlation)，其目的是把基督教信仰及其實踐所提出的問題，與這些問題的其他進路溝聯起來。除非你進入對話之中，否則就無法預言甚麼是最發人深思的。所以，存在主義可能有助於描述人類的焦慮和不安全，把它和《福音書》裏關於信仰、希望和愛的消息溝聯起來。不過，想盡辦法把造物主上帝和現代科學的理解溝聯起來，可能不會有甚麼用處，或者在社會科學與教會神學之間尋找一種交流，也可能無關大體。其他的哲學和宗教，也可能會貢獻許多東西，人們大可不必全盤接受其中的任何一種。

二十世紀溝聯神學(theology of correlation)最著名的解釋者，是蒂利希(1886–1965)。他曾在德國(直到他不得不逃離納粹)和美國工作，與哲學、宗教、藝術、心理學、文化解釋學、政治學和歷史進行廣泛的神學對話。他關心的主要是信仰與文化的溝聯。他的主要方法是，說明宗教符號(religious symbols)如何遭遇生活意義、歷史意義這樣的根本問題。他所定義的「符號」非常寬泛：不僅有視覺形象，而且有儀式、故事、聖徒，甚至還有觀念，通過我們所發現的意義可以扮演成強權符號(powerful symbols)。例如，面對危及我們生命的毀滅性力量，關鍵的符號是「上帝是造物主」；「耶穌是基督」這個符號，回應從我們自己和鄰人身上體驗到的疏遠和陌生感，以及我們存在的根據；「上帝之國」這個符號，和歷史意義這個問題相溝聯，在歷史的神學理解與其他理解之間形成範圍很寬的對話。像任何一種「中道」(middle way)一樣，蒂利希的批評者，發現他並沒有保持精巧的平衡。他們發現，要麼信仰導致宗教取代文化，要麼文化導致取代信仰。

類型4，**盡量避免去走這樣的鋼絲**，**即賦予基督教自我描述的優先權**。它沒有滑向類型5這種極端，但也堅持，沒有其他的框架能夠裁定如何去理解基督教信仰的主要內容。這是「信仰尋找理解」，基本上相信古典基督徒證明上帝和《福音書》的主線，但是也進入了廣泛的對話。我們發現，類型3有一種內在的不穩定性：進行對話時缺乏一個中立的立場，因此不得不要有一個基本承諾，或者支持或者反對基督教信仰。類型4認可了一種信仰的基本承諾，但也認可了不斷證實的需要，以及不斷與其他立場聯繫的需要。它的吸引力部份來源於，它承認基督教信仰並不僅僅是一種智識的立場，而且也是一種社群的生活方式，波及整個世界，賡續不斷。如果你生活在這個社群裏，那就無法假裝中立，但你還想找到真理，不管會在哪裏發現，類型4就是這樣做的一種方式。如果你不是基督徒，你可能會高度評價類型4，因為你想知道理智的主流的基督徒會有甚麼樣的理解，以便弄清楚應該同意甚麼或反對甚麼。

卡爾・巴特(Karl Barth, 1886–1968)，是追隨類型4這一進路的瑞士神學家。部份由於受到第一次世界大戰(1914–1918)的衝擊，他後來經過反抗希特勒(Hitler)和納粹(Nazis)，深刻地關注基督教怎樣與現代西方文化、政治和文明同流合污。他批評基督教會充當帝國、軍隊乃至意識形態體系的牧師的方式，從基督教的觀點來看，這些東西通常是相當成問題的。這留給他的挑戰，是要解釋甚麼是「基督教的觀點」。他寫了六百萬字的《教會教義學》(*Church Dogmatics*)，迎擊這個挑戰，探索怎樣去理解以耶穌基督的上帝為中心的現實。他覆蓋了教義的大部份領域：上帝、創造、人類、罪、耶穌基督、拯救(稱義[justification]、成聖 [sanctification]、天職 [vocation])、聖靈、教會、倫理學和上帝之國。在發展這些概念時，他和過去、現在的觀點、傳統和思想家展開了大量的討論。但他主要關心的是要表明：一種「適用的」基督教神學是甚麼樣的，要對那些主要的教義給出豐富的、經過論證的概念，與經文、主流基督教傳統保持一致。

例外：卡爾·拉納

任何一位複雜的、深邃的思想家，不會太簡單地套得上某個單一的類型，儘管這些類型仍然有助於劃定領域。粗略地講過這五種類型之後，我們就要了解它們彼此如何以複雜的方式互動。我要用卡爾·拉納(Karl Rahner 1904–1984年)，這位二十世紀最偉大的基督教神學家之一的簡短描述來總結本節。拉納是耶穌會士(Jesuit)，一戰以後深深地浸淫於歐洲羅馬天主教的思想風潮。為了準備召開第二次梵蒂岡大公會(the Second Vatican Council 1962–1965)，他在其中扮演了領導角色。這次會議可能是二十世紀基督教歷史上最重要的一起事件，而他為這次會議作了很有影響的周密考慮。他已經是二十世紀讀者最廣泛的天主教神學家。

拉納自己的知識形態導致了他沉浸於基督教傳統，特別是對經文、奧古斯丁(Augustine)、早期教會的希臘神學家、阿奎那(Thomas Aquinas)、奠定耶穌會規章的羅耀拉(Ignatius Loyola 1495–1556)、天主教的禮儀(liturgy)及其精神傳統，還對現代思想特別是哲學作了冒險的嘗試。他用康德、黑格爾這些哲學家的思想之光，重新思考阿奎那的哲學和神學，這種企圖對他特別有影響。他還研究過哲學家馬丁·海德格爾。我們要對他的神學成就進行分門別類，這是特別困難的事情。把他說成是兼具類型2、3、4的特點，可能是最恰當的。和類型2相應的，他搞出了一套「超驗神學」

(transcendental theology)，歸納出神學的哲學框架。和類型3相應的，他進行了無數的對話，試圖把基督教信仰、實踐和許多其他的理解、實踐溝聯起來。他從未寫過一本大部頭的神學著作，他最喜歡的形式是短文或論文。這意味着很難給他的思想系統化。在他二十多卷的《神學研究》(*Theological Investigations*)裏，他不斷地表示驚訝，認為他的超驗哲學和神學並不能概觀他的思想全貌。他還像類型4，有信仰並且是在尋找理解。總之，他可以被認為是給現代基督徒提供了一種適用的、主流的神學和精神。

結 論

本章把學院神學定義為一門處理意義、真理、美和實踐問題的學科，而這些問題的提出與宗教有關，並且通過一系列的學院課程來研究，同時說明了如何從機構和知識兩個方面型塑神學。

就機構方面而言，這個領域不能用「告解的」神學和「中立的」宗教研究這些範疇作出最好的描述，這種方法更適合於以前的時代。取而代之，我建議從它們的目的和責任來描述各種機構。有些比較傾向於宗教社群，其他的則傾向於學院課程，但都應當向神學和宗教研究開放。在這個領域的「道德生態學」裏，學院和信仰社群的這兩種責任，還需要社會其餘部份以及國際社會團體的責任來完成。各種機構在觀念上全部認可責任的三種向度，但它們聯結各種責任的方法各不相同。這種描述是基於幾個國家在這個領域有關「最佳實踐」的評價。

就知識方面而言，用保守、自由和激進這些標籤並不能最好地描述這個領域。取而代之，另一幅基督教神學的圖景，被繪製成是要表現主要的選擇。區分不同類型的基軸，是聯結過去、現在和未來的方法。在一種極端(類型1)裏，人們是從外部評判神學，根據它能否同意現代的框架或實際事務。在另一種極端(類型5)裏，神學是在重複基督教信仰過去的一些表達，因而完全是內在於基督教信仰。兩者之間，還有本書最為關注的三種類型。類型2試圖公正地對待基督教特有的東西，選取一種與它相關的現代框架。類型3沒有全面的整合，在基督教信仰和各種問題、哲學、符號、學科、世界觀之間建立持續不斷的溝聯。類型4賦予了基督教自我描述的優先權，被精闢地歸納為「信仰尋找理解」。但是，任何一位深邃的思想家，像卡爾·拉納，很可能要超越其中任何一種類型。

我們現在應該從思考神學這門學科，直接進行神學思考。讓我們從上帝開始吧。

第二部份
神學的歷險

第三章
沉思上帝

上帝是實在的嗎？這是本章所要關心的基本問題。這篇有關「沉思上帝」的導論，是想展開上帝問題裏面有些特別重要的意涵，因為我們不僅是要理解上帝，而且還要理解我們自身、整個現實和人類理解力。質問上帝的實在性(reality)，包含了兩個極為關鍵的問題。第一，上帝意味了甚麼？第二，「實在的」意味了甚麼？

上帝的意義

我們不得不掌握我們所用的語詞的意義，「神」(god)這個詞也不例外。你可以捫心自問：這個詞你能聯想起甚麼意義呢？你的回答很可能取決於你的背景、教育和承諾，在西方文化裏可能會有好幾種回答。即使你不是某個崇拜社群的成員，你很可能會有猶太教徒、基督教徒、穆斯林、印度教徒、佛教徒的聯想，對於像「遍在」(omnipresence，上帝處處在場)和「全知」(omniscience，上帝知曉一切)這樣的哲學概念有所了解。你知道其他許多傳統亦有各種類型的

「神」，對崇拜者的行為有所體驗，即使僅僅通過傳媒或葬禮。你也會遇到(可能持有)這種信念：所有這些神不可能是實在的，對各種不同的信念最好的解釋是，神是人類的創造，折射出人類的慾望、恐懼和幻想。

但是，如果你想很嚴肅地探明「上帝」是否實在，情況又會怎樣呢？你想調查哪一尊「神」？你無法同時調查所有的「神」，即使你想從中努力提取所謂「神性」(divinity)的精華，關於何謂真正的「神聖」(the divine)，就有迥然相異的意見。當然，我們有些神要比其他的更可能成為選擇對象：並沒有太多的人想用太多的精力去探究一尊古代印加(Inca，或譯印卡，南美洲印第安人的一部落)神的實在性，視之為人們今天最好的崇拜對象。信仰上帝的人，通常是通過結識其他相信的人來擁有這種信仰。這就意味了：考察的首選對象，應當是經過了諸多世紀的討論與篩選，已被相對於我們而言為數眾多的人們嚴肅地接受了的。這是比較明智的做法，因為「上帝」這個概念，以積極的、消極的，或者是我們沒有意識到的方式，已經影響了我們。

在世界主要宗教的傳統裏，「上帝」這個主要的選擇對象，今天已被數以十億計的人們嚴肅地接受。這些信仰和生活的傳統，通常經歷了幾個世紀的理智的討論，既發展了他們自己對神聖的理解，也和其他的理解發生論辯。正如我在《導論》裏所説的，我將主要集中在基督徒所崇拜的上帝，不過，在本章的結束部份，我會回到各種不同的神這個問題上。

在我們的文化裏，許多人已經遠離了任何一種主要的崇拜傳統，以致於「上帝」這個詞實際上總是喚起非常模糊的東西。公眾或傳媒對上帝的模糊認識，以及位處特定傳統核心的上帝的實際意義，在這兩者之間總是存在着差距。把被某個社群實際信仰的東西當作「上帝」的候選對象，而且上帝觀念已在這個社群裏討論和證明了許多世紀，這是一種明智的做法。所以，我對「神聖」最常用的定義是「被崇拜的東西」。這就要去直接觀察特定社群的崇拜，以及他們如何生發上帝這個概念。神學的一項基本任務，是用如下方法「沉思上帝」，即公正地對待那些理智地信仰上帝的人實際所相信的東西。這是我對基督徒所崇拜的上帝正要嘗試的工作。

三位一體的上帝

基督教的主流相信，上帝是三位一體(Trinity)。這個上帝和上面所說的各種模糊認識很不相同，如果有人說「我不信上帝」，通常並不意味他們想過三位一體而要加以拒絕。對三位一體的上帝的信仰，非常值得我們注意，以致要對它的形成及其意蘊作出一些基本的解釋。我從基督教的主流立場出發講述這些內容，指出其中的一些大問題。

耶穌和最初的基督徒是猶太人，所以，他們主要通過閱讀猶太經文來認同他們所崇拜的上帝，也就是基督徒所謂的《舊約》(*Old Testament*)。有個關鍵的故事，就是《出埃及記》(*Exodus*)第三章摩西在燃燒的荊棘(Burning Bush)裏。這被看作是「顯靈」(theophany)，即上帝的顯現，成為猶太教和基督教討論上帝的主要文本之一。在何烈山(Mount Horeb)附近的荒漠裏，摩西靠近一堆燒着了但沒有燒毀的荊棘，有一個聲音就對他説：「我是你父親的上帝，是亞伯拉罕的上帝，以撒的上帝，雅各的上帝。」(出埃及記3：6)這個聲音繼續説：「我的百姓在埃及所受的困苦，我實在看見了……我原知道他們的痛苦，我下來是要救他們脱離……」(3：7—8)上帝派摩西去見法老(Pharaoh)，答應和他在一起，摩西問上帝的名字，他被告知：「我是自有永有的(I AM WHO I AM)。」(3：14，其他的英譯有「I am what I am [我是我所是]」或者「I will be what I will be [我是我將是]」。)從中能生發出甚麼樣的上帝概念呢？這場討論是無休無止的，但現在有三個關鍵點。

第一，上帝受到認同，是通過崇拜他的關鍵人物形象，即亞伯拉罕、以撒和雅各，他們的故事是理解這位上帝是誰的主要途徑。第二，上帝得到理解，是通過上帝同情地參與世人的痛苦，並且站在正義的一邊。第三，那個神秘的名字，「我是自有永有的」或者「我是我將是」，至少意味了，上帝能以上帝所決定的方法自由地成為上帝：上帝沒有被人所約束(domesticating)，有的「總是多一點」，能繼續宣佈歷史上令人驚奇的消息。

現在，我們跳過幾百年來講述耶穌(下面第六章還要重墨鋪陳)。耶穌處在這個崇拜上帝的傳統裏，但是，通過他的生、死和復活，他的門徒一旦要臣服於過去的他，以及所發生的事情時，他們開始斷定他和這位上帝是同一的。我們能有辦法讓這個非同尋常的結論變得有意義嗎？他的復活是個關鍵的問題。我們在第六章會作更為詳細的考察，但現在是站在早期基督徒的立場上。

對於最初的基督徒而言，復活是像上帝一般無與倫比的事件，影響到他們對耶穌、歷史、他們自身以及上帝的理解。從燃燒的荊棘這個故事來看，上帝明確是「亞伯拉罕、以撒、雅各和耶穌的上帝」，通過耶穌，他在最危急的時刻同情地參與歷史。復活是特別的驚喜(surprise)。他們把它歸功於上帝，把耶穌的死而復生和上帝的創造相提並論。這起事件的內容是耶穌的位格(person)，他以這種方式被上帝看成是等同於上帝。耶穌被看成是上帝的自我表白(或「道」)，內在於上帝自身(who God is)，致使他們的崇拜開始包括耶穌。關於耶穌的表述、名字，及其行為方式具有很寬泛的多樣性，但總的傾向是認為他具有無限的意義、活力、善良，和上帝不可分割。不僅如此，他還有無限的方法讓世人共享他的生命。《新約》裏的這些故事，聖靈降臨節(Pentecost)聖靈的傾訴，復蘇的耶穌吸着聖靈回到門徒中間，都可以表明這一點。

所以，復活事件的基本神學結構，可以歸納為：上帝的行動；耶穌表現為上帝行動的內容；世人通過聖靈得以轉變，而聖靈又來自於他。這可以被看作是後來三位一體學說的種子。造物主上帝說「我是我將是(I will be what I will be)」；這位上帝果斷的自我表白和自我給予(self-giving)，是在耶穌和聖靈裏面。他和燃燒的荊棘裏的上帝完全一致，但想公正地對待這一巨大的驚喜。

不過，人們獲得這些認識，並且把它表述成三位一體的學說，化費了三百年的時間。這個過程本身很能說明基督教神學的性質。神學思考的複雜背景包括：把信仰傳授給新的信徒(在他們受洗時「以聖父、聖子、聖靈的名義」達到極致)，不斷地崇拜這位上帝，判定《新約》的內容，解釋經文和傳統，釐清最精深的同時代哲學和文化，回應異教徒和猶太人的挑戰，解決基督教內部的爭端，參與有信仰的日常生活。因為教會從一個被迫害的社群變成了羅馬帝國的主流勢力，有關教義的基督教辯論就又有了新的政治向度。

這是一個混亂而複雜的過程。為了接受基督教神學的教育，研究這個有趣的故事是絕對有必要的。對於基督徒所理解的神學性質，這個故事暗示了以下幾點：神學結論並不僅僅是權威陳述的推論，而是通過崇拜者認真負責地密切聯繫上帝、彼此之間、經文、周邊文化、日常生活、所有的錯綜複雜、歷史的跌宕起伏而獲得的；《聖經》就是這種思考的範本，這種思考深刻地涉入了上帝和現實生活；耶穌的生、死和復活，展示了上帝脆弱地參與生活的程度，允許世人有誤解、誤會和作惡的自由，但決不會讓它成為最後的定論；彼此之間學會在這位上帝面前生活，這是沒有終結的過程，就此而言，神學思考是絕對有必要的。

關於那個時代的問題，仍然存在着激烈的辯論，但是涉及到我們現在的話題——上帝，絕大多數基督徒直到今天還有一個值得注意的觀點：早期幾個世紀的那些結論是正確的。這已成為基本的基督教智慧：上帝是三位一體，二十世紀對三一神學還有新的揭示。天主教徒、新教徒、東正教徒、福音派教徒(Evangelicals)、五旬節派教徒(Pentecostals)、女性主義者、後現代主義者、解放神學家、傳教工作者、自然科學家、心理學家、社會理論家、音樂家、詩人、哲學家、非洲人、亞洲人、澳洲人、世界宗教神學家等等，都已經從許多角度徹底翻新這個學説。

那麼，甚麼能引申出有關基督教上帝意義的神學課程呢？我們不妨提出「崇拜的智慧」這種方式。

首先是一條消極的指導方針：沒有全面考慮三位一體的所有向度，那就無法想像上帝：上帝是造物主，超越創造；上帝自由地參與歷史上所有的混亂無序；上帝是自我給予、自我分享(self-sharing)聖靈。這條規則就是通過忽略其中一個或多個方面，意識到與上帝的關聯。

第二是一條積極的指導方針：上帝是愛，因此，上帝這種特殊存在包涵了關聯性：三位一體是聖父、聖子和聖靈的有機聯繫。上帝的統一性(unity)是一種豐富的、複雜的愛的生活，包涵了所有的創造。

第三，準備從這位上帝那裏得到更多的驚喜。我們總是要學更多的東西，把二十世紀神學看作是在推進「三一神學的革命」。譬如，探索把現代自然科學、愛因斯坦時空理論和上帝聯繫起來的意義；追問在甚麼意義上把耶穌之死想像成上帝之死；怎樣從聖靈降臨運動的角度公正地對待聖靈。

第四，基督徒在理解這位上帝如何與被他人視為神聖的東西發生關聯時，很可能還有許多更多的驚喜：在基督教與其他信仰之間最有成果的神學交流中間，三位一體處在中心的地位。當崇拜者各自認同他們的崇拜對象而迥然相異時，我們對所發生的事情斷難作出人為的概觀。但是，三一神學的許多教義保留了寬泛的領域，讓基督徒尊重其他人的崇拜，在廣泛考察其他信仰與上帝的關聯時，允許存而不論。

小結：上帝的意義

我們試圖探討基督徒所崇拜的上帝的意義。在每一點上，我們提出了進一步的神學問題，讀者很可能也發現了由此出現的問題。我們對神學主要問題的論述，實際上肯定是有爭議的，眾說紛紜的，而上帝是所有裏面問題最大的一個。至此，我希望最少已經說清了三點：你不要想當然地認為你知道「上帝」這個詞的意義；良好的神學思考需要一種豐富的、特殊的意義，為此非常值得深入某些特定的傳統；基督教上帝作為三位一體的意義，具有某種意味：即使在它挑戰其他的框架和世界觀時，激起的問題遠比它所回答的問題要多。

但這是真的嗎？神學怎樣開始回答這個問題，是本章其餘部份的主題。

上帝的實在性

我們怎麼決定事物是真的？只要我們開始回答這個問題，我們就意識到這個問題部份取決於「事物」的性質。

如果這個問題是關於我正在寫作的房間裏的一張桌子，我就檢查這個房間，觀察和觸摸這張桌子。但是，如果我想知道三百年前某一天在一個特定的房間裏是否有一張特定的桌子，情景又會怎樣呢？檢查這個房間的人，已經沒有活着的了，房間和桌子可能早已蕩然無存。圍繞這張桌子的討論，想説明甚麼問題呢？在諸如這些歷史事實的問題上，人們很可能會去搜集一些證據(可能是考古文物，可能是文字記載)，而這些證據結果很可能就成了相信或不相信當時活着的人的佐證。這個案例特別適合諸如一次談話這樣的事件，以及其他絕大多數需要充實而深入地重構歷史的事情。

其他的「事情」引發了不同的問題。你怎樣建立他人的思想、情感、夢想或意向的實在性？或者是你自己的東西？甚麼是歷史記載、小説或詩歌的「真實意義」？在甚麼意義上構成價值、善良、罪惡、謊言的實在性？英語具有何種實在性，「存在」於過去、現在、各色人等、書面文本、電影、談話和方言等裏面？甚麼是法律系統、即興音樂、科學理論、光年或微笑的實在性？

在所有這些多樣的「實在性」裏，顯然沒有一個實在與否的簡單標準。巨大的混亂導源於運用錯誤的標準。你所閱讀的這一頁紙，可以從物理和化學的角度來分析它的紙張和墨水。但是，這類分析完全誤解了這些語詞的意義的實在性——若想分析這層意義，需要了解它所用的這門語言，因此也要有一定程度的教育。

那麼，上帝的情況又怎樣呢？許多討論(特別是表示不屑的類型)，就好像是從物理和化學的進路分析這一頁紙的意義。如果把一些有成見的「實在性」標準運用到同樣有成見的「上帝」概念上，那麼，結論就是：沒法表明這樣一種存在是實存的。

輕蔑不屑的類型，其實還留下這樣一個問題：為甚麼會有這麼多人證實上帝的實在性，還為此提供各種解釋？他們在最近幾個世紀一直為貼有上帝標籤的現象提供各種解釋。最常見的假設(可以追溯到古希臘)是，上帝是人類想像力的投射，用以實現一系列的功能。這個解釋的麻煩是，人們可以想像那是真的、假的，或是真與假的混合。不過，如果這個「想像」能被某些學科或多種學科盡可能充份地解釋的話，它就能獲取一種力量。在人類知識和解釋的每個主要領域裏，有些實踐者，譬如哲學家、歷史學家、心理學家、心理分析學家、人類學家、社會學家、經濟學家、進化論生物學家、遺傳學家、神經學家、信息理論家等等，對「上帝」提供了「還原主義」(reductionist)的說明。另一方面，在解釋這些學科時，不同的實踐者在相同的領域裏聲稱，就真理的各種要素而言，各種解釋都是不充份的或是沒有窮盡的，只是在知識上看似合理地證實上帝。

神學需要參與這些饒有趣味的辯論。我們應當特別關注兩件事情：被使用或假設的「上帝」定義，被使用或假設的實在性標準。這一章是個開端，開始觸及到這兩個問題，但這只是一個非常簡短的導論，討論何者能恰當地引出一系列的學科，以及必須要掌握的各種值得注意的複雜情況。我已經討論了上帝作為三位一體的定義，現在應該檢察適用於這位上帝的實在性標準。

三位一體的上帝的實在性：造物主上帝

如果討論中的上帝是基督教崇拜和神學裏三位一體的上帝，那麼，甚麼是上帝的實在性呢？在證實上帝的實在性時，會牽涉到甚麼呢？

首先，上帝是所有存在的創造者。我們可以化很大的篇幅討論這一點意義，但在這裏我們不把上帝想像成「在」現實裏的某個對象，而是整個現實的源泉和支持者，並與之保持親密的聯繫。用基督教術語說，上帝既是超驗的(整個現實依賴於上帝，並且是「無中生有」)，又是內在的(上帝親臨、參與整個現實)。上帝自己的實在性，因此並不像其他被造的現實，神學家發展了許多觀念，用以表達這種根本的差異。這些觀念包括，用諸如自我存在(aseity，存在自身及其源泉作為唯一的實在)、自由、博愛、善良、永恒、權力、在場(presence)、美、榮耀、純樸、自我交流(self-communication)和生殖力等術語，來表達上帝獨一性(uniqueness)的各種企圖。

用語言表達上帝的唯一性，進入這個問題核心的一步是，坎特伯雷的安瑟倫(Anselm of Canterbury)把上帝描述為「無法被想像得更大的」(波那文都

Bonaventure 把它補充為「無法被想像得更大、更好的」)。而且，無限大的東西無法被我們有限的意念充份把握。這個上帝永遠超出人類的知識能力，如果你想最終得到一個上帝的定義，那麼你就相信你所得到的不是這個上帝。上帝是「永遠更大的」，這對任何一種證明上帝存在的企圖產生了直接的後果：沒有比證實上帝實在性更大的框架。追尋上帝的人並沒有任何中立的標準，並不會有證據的概觀。上帝是終極的框架，亦是唯一的概觀。

那麼，追尋者要幹甚麼呢？答案是想按照這位上帝自身來追尋上帝。追尋已經發現了你的上帝，這意味了甚麼？甚麼是你追問的靈感？正如奧古斯丁所說，誰比你自己更親近於你？誰期待着被你發現？誰能通過自然、歷史、經文、自身經驗裏的各種印記，暢達地交流？發現這位上帝的基本秘密，在於開始相信上帝就是這種上帝。信仰開啟理智。這與人際關係顯然很有相似性：任何確實有價值的理解和愛是需要信任的，在進一步關注有關你自己或其他人所要發現的東西時，你並沒有甚麼保證。

但是，有甚麼辦法達到這種信任呢？這裏並沒有甚麼程式。基督教和其他傳統都有多種起信的方法。通常是通過你所信任的人，相信他們的信仰是真實的。這也可能通過一本書、一次日落、一個非同尋常的經驗、一首詩、一段音樂、一次苦難、一件善事、一樁惡行，或者幾乎是其他任何情況。在一般情況下，信仰是許多事情的累積，經常也是無意識的。但是也有一種可能性是，追問、尋找意義、理智的探索，本身可能就是在喚起信仰、挑起某種抉擇。這就使得盡可能積極地追尋最可信的真理，成為很有意義的事情。

這裏就出現了關於上帝存在與性質的哲學和神學的論證。他們盡可能不像證實一張桌子或一起歷史事件那樣，去證實上帝的存在。取而代之，他們盡量表明，上帝這個概念具有(或沒有)智識的意義，能(或不能)和其他的認知相聯繫。在基督徒中間，也在那些擁有非常不同的上帝和信仰觀念的人中間，他們都有相當固定的論據。所有上面提及的學科也都涉及了這些論據，有些實踐者在爭辯上帝的實在性，而有些實踐者則篤信不疑。基督教對造物主上帝的信仰，在這個過程中不斷地受到挑戰、重新思考、重新想像，不斷地得到擴充和豐富。但是，只有緊扣本章的設想，即關於上帝如何被定義、上帝的性質如何被用來研究上帝的實在性，這些內容才和本章有關，才算「扣題」。

作為聖子的上帝

前幾節省略了作為造物主的上帝的一個向度，即上帝干涉特殊的歷史人物和事件。基督教的上帝概念，以特定的方法自由地表達誰是上帝，包括一個關鍵的人物與歷史，暗示了整套有關這位上帝實在性的更深一層的標準。這些標準明顯是要適用於歷史事件及其人物。耶穌基督(Jesus Christ)作為上帝兒子的故事，如果被認為是在指稱誰是上帝，那麼，有關耶穌基督的證據必須是可靠的。

關於甚麼能被認為是「可靠的」，從一開始就老有爭論。主流的態度從來不認為《聖經》記載的每個細節必須相當精確，如果真是這樣的話，那麼，《新約》由於存在相當不同有時是互相矛盾的敍述，就永遠成不了規範讓人接受。而且，重點是要相信這些故事，把它們當作充份了解耶穌基督及其所作所為、生平際遇的證據，相信這些故事與他有關。

在討論耶穌的實在性時，證據的可靠性是個關鍵的問題。我們無法重演他的歷史，唯一的辦法是通過各種不同的證據。我們能交叉地考訂證據，然後去相信、部份相信，或者不相信。基督教這種信仰，起碼要相信某些目擊的可靠性。如果這些證據有所不同，對上帝的理解也會有所不同。因此，它的經文和傳統，類似於他們的中心人物耶穌，很容易受到攻擊，他遭人誤解、受人控制、被人迫害，乃至為人所害。我們總是想宣稱更加可靠和更加確定，從而導致更少的懷疑和質問。但是，我們也有一種很深的傳統，堅持認為，適用於這位上帝的可靠形式，就是相信他人的話語。這就一定會引起爭議。基督教神學唯一合

圖1　描繪五旬節(the Pentecost)的俄羅斯聖像私人藏品。

理的方法，是要面對交叉考訂(cross-examination)的要求，為了相信目擊者的主要消息而辨清事實。

作為聖靈的上帝

聖靈的實在性又怎樣呢？經典的立場是我們無法孤立地了解聖靈。聖靈通過他/她/它(關於適用於聖靈的性別語言還有饒有趣味的問題)的後果為人了解，諸如信任、愛、希望，或者像預言、教化和治病等天賦。更寬泛地說，「聖靈的工作」被看作是創造的全部，一旦創造遭到損壞或毀壞，它還能被重新創造或者轉換變化。聖靈和諸如皈依、靈感這些強烈的經驗有關；和諸如累世的修習智慧、營建社群這樣漫長的過程有關；和諸如施洗(baptism)、授任神職(ordination)這種社群實踐有關；和諸如祈禱、崇拜、齋戒、佈施這些習慣有關。

我們顯然可以有許多不同的途徑，去了解實在性的種類，但所有這些途徑都不是直接的，因為沒有人遭遇過「純粹的」聖靈。這裏有一個複雜的學習過程，如同任何一種有價值的學習，在那些以不同方式變化的地方，就需要有信心、有紀律和長期的自我投入(self-involvement，在思想、想像、情感、意志裏)。我們可以拒絕開始學習，可以中途退回，也可以產生中斷這個過程的懷疑。但是如果不想擔當這個過程，那就沒有機會去認識實在性。對聖靈作出任何中立的、不投入的考察，對聖靈的實在性給出「客觀的」看法，這是一種要被排除的事情。

哪一位上帝？

前一段應該表明了比較「上帝」不同候選者的巨大困難。那裏所說的「通過自我投入理解」，在其他的信仰裏也有相應的說法。這裏顯然有兩難的困境：如果你站在任何確認上帝的傳統外面，那麼就要冒着流於所有傳統表面的危險；但是，如果你捲入了其中任何一種傳統，就排除了通過比較去理解其他傳統的可能性。

這是因為，每個主要的信仰傳統是一種徹底的、包容生活的(life-embracing)承諾。它是一種整體的生活方式，並不單純指涉信仰或信條。一位終生投入虔誠的猶太教生活的人，也不可能終生投入虔誠的穆斯林生活，或者是過「混合與搭配」的新世紀生活。

然而，通過研究、合作、熱忱和友誼，跨越為宗教和世界觀所割裂的邊界，我們還是有可能變成更為接近的「雙語」(bilingual)，甚至是「多語」(multilingual)。神學和有關宗教的研究，是其中的關鍵部份。在處理上帝或神聖的問題時，就要盡量明智地闡釋何謂實在性，這對於數以十億計的人們至關重要。我們要盡可能承認，無法中立地把握有關型塑生活的真理、美和實踐的大問題，也要承認沒人會有統觀全面的上帝之眼。就神學而言，對上帝的實在性不作結論性的、斷言性的證明，並沒有甚麼難處，因為我們還有許多其他有價值的知識目標。最豐富的神學活動發生在這些人之間，他們承認自己的出發點，然後耐心地研究、交流，就重要的問題與其他人(不管是不是他們自己的或不同的派別)討論。這種實踐通常能改變一個人的視野，產生意想不到的驚喜，特別重要的是，他們在思考上帝的方式上，不可避免地也會表現在思考自我、他人和被創造的世界的方式上。

第四章
崇拜與倫理學：在上帝面前生活

本章是從神學上思考人之為人的意義的導論。我們首先從崇拜現象説起，這是人類生存的關鍵動力，然後轉入有關崇拜的神學討論，接着是思索上帝、崇拜如何與倫理學相關。最後引申出人類理解力的含義。

崇拜現象

我們可以給崇拜下定義，使得所有的人及其社群都像是參與了崇拜。保羅．蒂利希(Paul Tillich)説「終極關懷」(ultimate concern)，就有可能適用於每一個人。涂爾幹(Emile Durkheim)説「規範社會的強制力」，這些強制力可以被看作是終極關懷的社會形式，統攝所有各種社群。崇拜可以被定義為個體和群體服務於他們的終極關懷的行為。如果被一種高度整合的、必要的關懷或慾望(desire)所統攝，那麼，你的崇拜就像一神論(monotheism)，即崇拜一神；如果你的終極關懷被分散在不同的方向，那麼，這就像多神論(polytheism)，即崇拜多神。

我們用類似關懷、強制力、義務這些術語來描述你或者你的社群，並不是太難的。在生活的每個主要領域裏都有一種向度，你沒有體驗到它基本上是你自己的選擇(儘管你可能有許多與此有關的選擇)，並且型塑了你的行為。

我們想一想金錢，想一想經濟的價值和行為的全部領域。這些東西是無法避免的，它們能決定個體、群體，甚至是整個民族和全球網絡的生活。大量的精力和智力以不同的形式集中起來為經濟服務。如果比起你生活中其他任何事物，這確實佔據了優先地位，那麼，根據一種寬泛的定義，它就是一種崇拜的形式——正如平常所說的，這是「你的宗教」。或者，用我在第一章裏所用的術語，它是一種「控制」，像某個終極實在(ultimate reality)包容了你全部的生活。

在生活的其他基本方面，我們也能舉出相似之處。你會投入你的家庭、種族、性別或民族，被一些義務控制，結果想把它們變為終極。或者你被法律體系、社會和國際社群的正義需求攝服。或者你主要的慾望可能是在夢魘和癮癖中追求快樂和自我實現。

如果像上一章所說的，你的神是你所崇拜的，那麼，廣義的崇拜概念，指的是一個有許多神、許多終極關懷對象和慾望的世界，所有這些並不是通常意義上的「宗教」。宗教因此可以被看作是些崇拜的傳統，它們的任務，正像尼古拉什．賴希(Nicholas Lash)所描述的，使人棄絕那些支配、消耗和扭曲他們生命的不夠格的終極、神或偶像，通過與這些傳統的成員、機構、實踐和信念的交流，重新調整和刺激他們的慾望。

迷人的崇拜現象可以許多形式，宗教的與非宗教的。它與法西斯主義(Fascism)、資本主義、「戴安娜現象」(Diana phenomenon)、希臘宗教、万物有靈論(animism)、基督教和伊斯蘭教有關。但是，就這樣把崇拜當作一個寬泛的術語，亦有其困難之處。這裏的主要問題是，它會給人一種印象，有些普遍的、不變的性質，被稱為終極關懷或慾望，可以用來認識人性。我們在上一章已經批評了，通過聯繫神性來概觀人性的這種企圖。這是有益的開始，但是，進一步的神學思考，關鍵還要考慮所涉及的「神」的性質。一種並不打算用神聖的概念開始思考的神學，在從沒有進入真理和實踐問題的情況下就去排列、陳述各種不同的選擇，就會使它自己遭受責備。意識到這些主要的選擇其實很重要，但是，其中每一項選擇都具備全部的意義世界，體現在歷代的崇拜、辯論和日常生活裏。它們之間的對話是必要的，但是，就像前一章所說的，在一本短小的導論裏，我們必須突出重點，至少要有一種講得比較深入。所以，我們主要討論三位一體的上帝，現在就從神學的角度思考對這位上帝的崇拜。

神學與崇拜

考察崇拜，是通向神學脈落最豐富的地方的一條門徑。正像上一章所描述的，三位一體本身是在歷代的崇拜過程中被構想出來的。這個過程表明：崇拜是怎樣涉及現實的根本向度的，而這些向度引發了必然是爭論不休的深刻問題。

譬如，五種祈禱的基本形式的神學含義。

讚美上帝是一種充滿活力的關係，可以展現思想、想像、情感、意志和身體。在對上帝的讚美中，思維不斷地受到挑激而要超越自身，以便公正地對待始終比任何概念都要高大的上帝。這就需要崇拜者的知識創造性，他們努力擴展自己的觀念，以便使自己更加適合於上帝。有價值的讚美，盡量濃縮在語言、音樂、手勢和其他形式裏，這些形式可以表達那些對《聖經》、傳統、教友或類似情況相當敏感的事情。這裏最好能有些精深的思考。當然，我們決沒有意思說，這必須是學院神學——絕大多數情況下並不是。但對學院神學來說，無論是在甚麼深度上，它都必須研究這裏所提出的問題。

如果用所謂上帝的「屬性」(attributes)或「完美」(perfection)來讚美上帝，那麼，這些詞語——上帝被當作善、愛、公正、自由、自存(self-existence)、永恒、萬能、遍在、同情、耐心——分別代表甚麼意義呢？我們能否僅僅根據對於人類的了解，擴充我們對這些詞語可能的所指的觀念？或者說，這些屬性是不是以一種相當不同的辦法適用於上帝？果真如此，它們怎樣才能有意義？難道我們就不能提出完全是發明的設想？因為上帝是三位一體的，這些屬性被賦予了甚麼特別的內容？神學著作盡是在對這些事情。

對上帝的感恩，是讚美上帝這種充滿活力的關係的另一方面。如果我們把全部的存有歸功於上帝，上帝賦予了所有真、善、美的東西，感激就是自然的反應。這裏的基本方面是，感謝據信是上帝所幹的事情。但是，怎麼設想上帝的行動呢？上帝的行動是否從來就是與其他的事件或行動相分離，或者說，一定要通過那些事件或行動才能觀察？人們怎麼能識別上帝的行動呢？

如果對基督徒來說，上帝的行為範式是耶穌基督的生、死和復活，那麼，他們怎樣才能把這個標準延用到今天呢？在第三種形式裏，代為他人祈禱即所謂「代禱」(intercession)，再次出現了上帝的行動這一關鍵事情。傳統認為，這是通過聖靈分享耶穌的一種形式。上帝和塵世交匯於基督，其他人的需要和苦難進入了祈禱。代禱是在上帝面前同情他人，為他們籲請上帝。對於上帝及其工作方式，這裏蘊含了甚麼理解呢？這能否被看成是魔術般地操縱上帝，或是改變上帝的想法？

這些問題同樣出現在祈禱的第四種形式裏，即為自己或某個社群祈願(petition)。《聖經》相當直接地鼓勵，甚至是命令信徒，要向上帝要求他們所希望的東西，並且允諾會答覆他們的請求。但是沒有答覆的祈禱怎麼辦呢？上帝會偏愛那些祈禱的人而另眼相待嗎？我們能想像上帝關注個體生活的所有細節嗎？

最後是所謂告解(confession)。這種祈禱是承認自己所犯的錯誤，請求上帝的寬恕。借助於體現在耶穌基督身上的上帝之光，我們反躬自問，就要同時認識到自己如何的不完善，認識到自己就在某個能表現出對罪(sin)完全寬恕的人面前。但是甚麼是罪呢？耶穌的死有甚麼重要性？被寬恕如何與寬恕有關？我們在下一章要考察這些問題，但是現在應該提出崇拜本身誤入歧途的問題。

「至善的腐化是至惡」，崇拜的動力一旦被歪曲或誤導，它們的結果就會有破壞性。說句最不中聽的話，當人們用一種只適用於上帝的方法與某種事物相關，而不是與上帝相關時，這就是所謂的「偶像崇拜」(idolatry)。個體以及整個社群的所有天賦、精力和熱情，被動員起來服務於某個並不是上帝的東西，整個的生活「生態學」受到了歪曲和污染。常見的偶像，包括國家權力與威望、金錢與發跡、地位與名譽、意識形態與理想、愉悅與自我實現、舒適與安全、男女英雄。不過，對崇拜的歪曲通常並不總是這樣俗氣的。真正的崇拜，它的所有形式都還能保存下來，儘管會有某些腐化——可能是在某個被排斥的人、政治上的忠誠、無法答覆的需要、道德標準、教義的真理。

神學具有一種批判的角色，去檢驗所有這些匯聚在崇拜裏的東西。這種角色包括教化和佈道。神學也要診斷和回應在特定文化裏的崇拜所面臨的困難。在當前的西方文化裏，在第一章所描述的多元控制下，崇拜經常被迫抗爭，去保持它的完整性、活力和意義。如果崇拜者全神貫注於他們自己及其社群，關注崇拜的手段(譬如禮儀的形式、牧師的領導、特殊的教義和宗教的體驗)，那麼，常見的反應就是，這不利於參與集愛、智慧和美於一身的三位一體的上帝，不利於分享俗世的這些東西。神學在此努力喚醒崇拜者，充份認識他們的崇拜的起源、特性和向度。這是完整意義上的告解，評判自己及其社群有關上帝的全部生活。這種智識上的需要，不可避免地要引起爭論，引起與其他人的深層次討論，這些人的「崇拜」(上文所講的廣義的說法)，導致他們同意或不同意那些根據三位一體的上帝所作的表述。

祈禱的五種形式——讚美、感恩、代禱、請願和告解——只是進入崇拜的神學及其所提出的問題的方法，用以聯結上帝、崇拜者、他人和塵世。這裏再次出現了一個關鍵問題，即如何理解上帝的活動。我們下一節聯繫人類行動來談這個話題。

倫理學與上帝

倫理或道德的思想，是關於人們應當或可能怎樣行動。我們對道德性(morality)有一大堆的理解方法。最常見的核心觀念有：遵循良知、履行職責、培養德性與習慣、把行動與某種好的價值、標準或觀念聯繫起來、忠於某項原則、接受特定的傳統規範、效仿好的榜樣、追求最高層次的慾望、在考慮行動後果時作出理性的選擇。其中每一個觀念都會引發許多問題，有些答案就在各種倫理學理論裏，譬如西方思想流派所提出的學説，包括柏拉圖主義者(Platonists)、亞里士多德主義者(Aristotelians)、斯多葛派(Stoics)、托馬斯主義者(Thomists)、康德主義者(Kantians)、功利主義者(utilitarians)、存在主義者(existentialists)和進化論者(evolutionists)。

神學倫理學(theological ethics)是一種嚴肅對待上帝的倫理學。上一段所提到的核心觀念和思想流派，也能扮演重要角色，但是神學倫理學的鮮明特點是，上帝自始至終是最為重要的。理解神學的倫理學，既從宗教社群的外部，也要從其內部展開，這在當代世界是至關重要的。所有的宗教傳統都涉及倫理學，許多個人的、家庭的、政治的、教育的、經濟的、醫學的以及其他問題，取決於對於是非好壞能否有一致意見。站在各種討論立場的人，需要弄明白這些問題是怎樣展現給其他人的。在當前情況下，人們特別容易錯誤地展現宗教立場，信徒和非信徒在這方面一樣普遍。他們有時被簡單地看作是專制主義者，彷彿所有的信徒會使他們的道德性完全受聖諭(divine decree)的支配，或者上帝被看作是對道德性毫無影響。

此外，其中的關鍵問題是：這是哪一位上帝？上帝創造了有良知、有道德推理能力的人類，然後棄之不顧嗎？上帝規定了誡命(commandments)或其他的方針，根據是否踐行這些誡命而評判他們嗎？上帝以勸人行善的方式參與人類生活嗎？每一種進路都有它們所想像的不同類型的上帝。我想通過考察把上帝當作三位一體的基督教的神學倫理學，建立已經被放棄的東西。這個關鍵問題是：在創造和維繫一切的上帝面前生活，其道德含義是甚麼呢？誰深深地參與了所有的人類歷史，特別是在耶穌基督那裏？誰通過聖靈採用許多辦法呈現所有的創造？我要在慾望和責任的題目下探索這個問題。

基督教倫理學：慾望

慾望在本章開始已經提到過，當時我們在用終極關懷、徹底的義務、乃至強制力這些術語，寬泛地描述崇拜。像它們一樣，我們最強烈的慾望，是那些並非單純出於我們自己的選擇而支配我們的東西。生活的每一個領域，幾乎都能產生無法抵抗的慾望。各種人類關係是最常見的，但也是通過吃喝、藥物、工

圖2　聖徒的臉，羅奧(Georges Rouault)作於1933年

作、金錢、權力、地位和美麗等產生的。我們的經濟、文化，已經充斥了膨脹不已的慾望，追逐商品、娛樂以及其他任何能產生利潤的東西。在生活的每一個領域裏，慾望是行為的基礎，因此是道德性的基礎。慾望的型塑與取向，因此處在人類生存的核心。

由於慾望、道德性和生活的每個重要領域互相糾結，道德性無法從生活的其他領域，或者從我們思想的、情感的和身體的習慣裏割裂開來。主要的宗教認同了這一點。它們都會去關注勸導各種慾望，並用不同的辦法這麼做。崇拜就是一種核心的方法，習慣性的慾望藉此直指被認為是最令人滿意的、最有價值的對象——上帝。教育、社會約定、風俗、規則和文化交流的整體情境，維持了以崇拜為中心的慾望。在此，倫理學從未被認為是僅僅關注問題的決定和選擇：它是關於從根本上形成和維繫善良的慾望，因此是關於神聖的學科。那麼，三位一體的上帝和慾望的關係是甚麼呢？

基督教神學關於慾望最為重要的陳述是，世人是上帝所期望的(People are desired by God.)。它的核心是信任，是對愛他們的上帝所懷的莫大期望的信任。他們由上帝創造，受到上帝的祝福，上帝與其對話,被上帝選擇和召喚，受到上帝的寬宥，受到上帝的教化，被給予上帝的兒子和靈魂。換言之，他們的活動植根於徹底的被動性(passivity)。這個被動性怎樣和人類活動相關，在基督教倫理學(其他許多宗教傳統在這方面亦有它們自己的說法)裏可能是最基本的問題。在當前的討論裏，我們如何從神學的角度理解這層聯繫，一方面是上帝所期望，另一方面是能期望上帝？而上帝又在期望甚麼呢？

這個問題出現在許多神學標題底下：神聖和人類自由、恩寵(grace)和自然、稱義和成聖、信仰和經典、聖靈和人類能力、上帝的主動與人類的回應之間的關係。在最近幾個世紀裏，這已成為西方思想裏特別尖銳的問題，因為我們非常強調人的尊嚴、自由、能力、創造性和自主性。這個問題是神聖的自由似乎在與人類真正的自由相抗爭。如果上帝掌握了這種主動性(initiative)，那麼，我們怎麼可能自由呢？要想成為完全成熟的人，我們果真需要取得自己的主動性，而不是臣服於其他人的意志或慾望嗎？上帝是對人類自由的侵犯，這個想法是許多無神論的根基。從成為完全的人這個角度出發，為了像成年人那樣管好自己的事務，而不是像小孩子那樣仰仗上帝，我們不就需要成為無神論者嗎？

神學對此的回應並不一致。有些接受這個假設，神聖的與人類的自由之間存在一定的競爭，因此想從中界定各自獨立的領域。一種說法是，上帝創造了世界，然後讓它享有充份的自主權，並沒有神聖的「干預」。其他的說法允許某些特定的神聖活動——鼓勵、交流和勸導，但並不以此踐踏人類的自由或主動性。不過，主流的回應，譬如第二章所提到的像巴特和拉納他們所表現的，不得不斷言神聖的和人類的自由並不抗爭。我們怎樣能弄清楚這些自由呢？

基本的類推是人與人之間愛的自由。如果你愛我，你就能用你的自由保持，甚至增長我的自由。你的主動性可能完全是為了我的好處和尊嚴。更進一步說，自由根本不是我作為個體所能「擁有」的事物，它可能只在關係之中充份地展現出來，首先是在愛的關係裏。因此，缺乏你尊重和愛的主動性，我也就不可能成為一個完全自由的人。只有在回應他人時，我是自由的。當然，在世人中間，我們對自由會有各種各樣的歪曲，包括操縱性的、強迫性的、自私的、惡意的和無知的運用。

但是，如果一個人是在思考上帝，那麼他是在想像一種創造和維繫所有其他人自由的自由，決不歪曲自由，而是要掌握、提升自由的主動性。如果人們能想辦法提升彼此的自由，為甚麼上帝就不能做得更好些呢？不過，把上帝想像成另一個人，這是有問題的。從人類外推出「更好一些」，也就冒着不能公正對待上帝的絕對差異性(radical difference)或超驗性的危險。人與人之間的互動，有助於想像非強迫性的、非競爭性的自由關係的可能性，但是，上帝的自由是不是並沒有統攝一切、差異和神秘到這種程度，以致把它和人類自由視為同一個範疇就是一種錯誤？

對此有一種神學進路，是要探索截然不同的但也互相聯繫的自由觀念：未被創造的和被創造的自由，主要的和次要的自由，自主的和依賴的自由。根據這個觀念，在談論依賴的或次要的自由時就沒有甚麼矛盾——它僅僅是關於人是被創造的和不神聖的另一種說法。我們把自由和其他所有的事情歸功於上帝，要想完全自主的慾望，就是一種要想成為上帝的錯誤慾望。我們真正的自由存在於對上帝主動性的回應，這給予我們寬闊的視野，但總是處在與上帝的關係之中，把上帝當作我們為我們的自由而向他感恩不盡的人。當我們回應上帝對我們的期望時，當我們把我們的慾望和上帝的期望即愛上帝、愛他人、愛創造相諧調時，我們的慾望導致了我們最充份的發展。所以，我們同時證實了上帝的獨特性、主動性，以及人類的充份發展。

不過，我們還沒有完全說清神學的深度。對基督教神學、無神論者以及其他人對此所作的批評研究得越多，我們同時也就越清楚，當前根本的問題是上帝的性質和人類的性質。許多人對基督教神學的非議，是它沒有把人性當作外在於上帝的，或者處在與上帝的基本張力之中。正好相反，因為基督教神學相信上帝可以自由地成為人，即耶穌基督，所以，它不僅拒絕發現一種基本的張力，而且甚至找到了神性與人性輝煌的統一。上帝的定義，並非(正像許多定義一樣)排斥這種與人性的統一。其結果是不僅影響了上帝這個概念，因此還影響了三位一體理論，而且也影響了人性這個概念。人性並不等同於神性，但它被認為能通過與耶穌基督的關係，進入一種可以和上帝相區別的統一關係裏。我們將在第六章進一步討論，這在各個方面的含義。

但是現在重要的是要記住，在基督教神學裏，理解人與神的自由、活動的基本線索，是通過有關耶穌基督的思考。《馬太》(Matthew)、《馬可》(Mark)、《路加》(Luke)這些福音書開頭所說的故事，暗示了這裏可能所包含的意思：所期望(being desired)和能期望(desiring)，是基督教的倫理學進路，是在上帝面前型塑人類生活的根本所在。耶穌的神職活動以他的洗禮開場。在此過程中，聖靈降臨於他，他得到了聖父的證實：「這是我的愛子，我所喜悅的。」(馬太3：17)這就是上帝所喜歡的、所期望的耶穌形象。然後，「被聖靈引導的」耶穌，在曠野裏齋戒四十天期間，他受到了誘惑。這些誘惑被看作是對上帝、對上帝所期望的東西的慾望的考驗，其實他還面臨着其他的選擇：對食物、對輝煌但又無需苦難的成功、對權力的慾望。型塑他的生活與工作，被看成關鍵是要依靠踐行上帝所希望的東西，依靠相信上帝的道路(最終變為被釘死在十字架上[crucifixion]的道路)，依靠他回應誘惑時那種欣然接受的慾望：「當拜主你的神，單要事奉他。」(馬太4：10)通過他的生、死和復活，耶穌被描繪成是在維繫這個統一：他既受聖父的派遣，被聖父期望和證實，同時，他又自由地實現上帝所期望和意願的東西。這種故事形式，在基督教神學裏成了規範性的描述，其中的神學問題將在第六章進一步展開。當前的要點是，耶穌被描繪成體現了這個統一，既被上帝期望，又在期望上帝以及上帝所期望的東西，並且把這一點看作是理解耶穌生、死和復活的核心。

基督教倫理學：責任

從事上帝所期望的事情，這種慾望導致了要承擔責任。基督教對耶穌生活的傳統解釋，認為他在上帝面前為其他人徹底承擔了責任，一直到被釘死在十字架上。這就是「既為他人又為上帝存在」的模式，是基督教愛的倫理學的核心。

如果我們認識到了在上帝面前的責任，那麼，它就需要一門整體「生態學」。假如要發展這門生態學，它所需要的許多生態龕(niches)，譬如我們已經提到的那些東西，崇拜社群、信仰上帝、祈禱、型塑生活的慾望，彼此還要有整體的一致性。此外，還有基督教倫理學所要探究的其他許多生態龕。譬如，美德的問題，即信任、希望、愛、節儉、正義、勇敢和自我控制等七種傳統美德。其中每一種美德，及其相關的東西，都能生發出一種神學文獻。每一種主要的惡行同樣也是如此，傳統的「七種致命的罪」，包括驕傲、憤怒、嫉妒、貪婪、怠惰、淫慾和貪食。

關於責任行為的根本的(有時只是基本的)神學研究，是通過對《聖經》的反思。上帝命令了甚麼？基督徒要不要把所有《舊約》的律法運用到他們自己身上？如果不要，對他們來說，《舊約》的權威性是甚麼呢？基督徒怎樣向猶太教徒學習他們歷代以來對這些律法的解釋與實踐？《新約》所給出的行動準則又怎麼樣呢？這些能被當作律法嗎？如果不能的話，那麼，它有甚麼地位呢？有些段落，譬如登山寶訓(馬太5–7)，應該被賦予特殊的權威性嗎？像那些有關奴隸或者有關婦女從屬地位的段落，能被看作是與迥然不同的文化無關嗎？《聖經》有關這一系列話題說了些甚麼，譬如結婚與離婚、法律體系的標準、對窮人的公正、金錢、工作、納稅、福利、和平、敵意、仁政、方言(tongue)的運用、同情、同性戀、好客等等？我們一旦發現甚麼是《聖經》在原始情況下的教化，那麼，它在今天這個大相徑庭的環境裏又該被怎樣解釋呢？《聖經》怎樣和已經不再契合《聖經》的情況、倫理困境(譬如現代醫學裏的許多困境)相關呢？其中有些問題將在第8章解釋文本時加以討論。

對大多數基督徒(指有實踐修行的，有時可以缺乏理論)來說，《聖經》解釋必須要有所補充，考察基督徒過去所曾教化的內容，以及現在全世界教會正在學習的東西。倫理學教育也要密切關注其他一系列資源，譬如上文提到的各種哲學流派、歷史學、社會學、人類學、心理學、生物學、文學研究等各門學科，或者其他宗教的智慧。爭端圍繞在把這些資源用到獲得倫理學智慧和決定的方法上。

基督教神學倫理學，因此有助於形成思想、心靈、個體和社群(他們不斷地發現自己處在需要負責的判斷、決定和行動的境遇裏)的意志。因此，它能從許多角度照亮他們的倫理與政治生活，使他們和那些與基督教信仰有隔閡甚至有敵意的人匯聚而結成聯盟。不過，這對基督徒(就好像對那些有其他倫理承諾的人)來說，總是存在一個問題：這種聯盟究竟能走多遠？譬如家庭生活的發展，在諸如離婚、同性戀婚姻、媒體或道德教育方面的標準等問題上，這種聯盟何時會有無法容忍的妥協？如果自由為了操縱或腐蝕脆弱的世人而遭沮咒，那麼，這種「忍耐」將會持續多久呢？

在基督教裏，各種教派(以及教派裏的宗派)對這些問題表現了不同的回答方法，在所有層面上都有激烈的爭論。我們從神學上考察這些爭論，記錄以下三個要點則是很有意義的。

第一，在討論中，認同上帝的方法儘管扮演了不很顯著的角色，但是，如何理解上帝的特性或「屬性」，實際上仍是相當重要的。上帝的判斷或正義如何與上帝的憐憫或同情相關呢？上帝不僅耐心而慈悲，而且盡心而持久，這意味了甚麼呢？如果所有的權力屬於上帝，拯救源自上帝，那麼，人在特定情境下的責任意味了甚麼呢？

第二，考察一種特定的倫理學取向如何與三位一體的上帝相關，這是很有意思的。在有些立場況下，似乎主要在說作為造物主的上帝，他不僅參與所有的創造，而且(就好像以其他的方法)參與所有人的倫理和宗教生活。這使大家彼此匯聚而結成聯盟，在這些立場下變得更加默契、更加容易。在其他立場下，我們主要集中耶穌身上，把他作為上帝的道(Word)，他給出了特殊的教化和榜樣，而這些教化和榜樣和主流的氣質(ethos)通常是很不一樣的。更為根本的是，憑藉為他人而死，耶穌徹底承擔了責任。十字架因此遭遇了所有的妥協，它向任何一種不以自我犧牲的愛為基礎的倫理學發出挑戰。在另外的立場下，我們集中在復活和聖靈的給予。上帝賦予精力、歡樂、新社群、洞察力、天賦和恩寵，而它們是面對徹底的神性所需要的。在此，我們是要強調這種優先的重要性，即通過聖靈轉變社群和個體，倫理學因此是一種生活在聖靈裏的流溢(overflow)。《新約》的許多書信是圍繞一個「因此……」而作，從而闡釋了倫理學的這種

圖3　朋霍費爾在獄中等待審判，Berlin-Tegel，1944年夏照片

進路。我們首先講述在耶穌基督、聖靈的給予，以及那種生活的流溢裏，其間所發生的事情，就是聖靈或上帝的恩寵所促使的倫理學：因此，你就有了如此這般行動的依據(例如，羅馬書 Romans 12：1；以弗所書 Ephesians 4：1)。理想的立場，當然是統一這三種三位一體的取向。許多基督教倫理學的立場就是想這麼做，但我們也很容易發現，它們其實也不過強調了其中的一種或二種。神學的一項重要任務，因此是在任何一個單獨的倫理或政治問題裏，要能立即盡量公正地對待所有這三種取向。

第三個要點，是要為自己的判斷、決定和行動承擔無法回避的個人責任。上文講到神聖的與人類的自由之間非競爭性關係，和這些內容相應的，人們應當想到，個人投入上帝愈深，其在每種情況下自由的責任也就愈為強烈。我們並不是把一些原則直接簡單地用到每個例子上，警惕上帝可能意味了人們必須要足夠地機智和負責，既要敢冒風險，也要承擔後果。在二十世紀神學裏，這方面典型的例子是迪特里希·朋霍費爾(Dietrich Bonhoeffer, 1906–1945)。他撰寫了有關倫理學的大量文字，意識到了《聖經》的重要性，以及規則、原理、上文與上帝有關的倫理學的全部敍述的重要性。但是，通過所有這些東西，他的倫理學是一種責任倫理學。1943年他不僅是在從事寫作，同時也投身於反對希特勒(Hitler)的陰謀當中，這不僅使他獻出了生命，而且代表了他轉變了早期和平的、非暴力的立場。朋霍費爾質問，在如此壓抑的時代，「誰堅強地站着？」他的回答，是立足於「個人的內在解放，要在上帝面前過一種負責的生活」。(朋霍費爾：《獄中書簡》*Letters and Papers from Prison* 第9章)這個回答超出了任何特殊的倫理學準則或體系，暗示了在上帝這個概念之外神學倫理學還有一個急迫的根本問題，即「人性」這個概念。我們現在最後一節裏，簡短地講述這個問題，其實這在前面幾節已經有所提及。

在上帝面前做人

在倫理學和政治學一而再、再而三的討論當中，各種差異可以追溯到不同的人性概念。這並不是說，在不同意何謂人之為人的人們之間不會有聯盟或集會。但是，隨着這種交流愈加深入、愈加廣泛，我們所面臨的這個基本問題，就會變得更加重要。圍繞這個話題，本節要對一系列問題作出總結。

基督徒所理解的人性，其主要的信條是它與上帝有關，上帝這個概念因此是人性這個觀念的核心。考察這個問題的傳統方法，受到了《創世紀》(*Genesis*)中上帝「照着自己的形象」(創世紀1：27)創造人類這個說法的啟發。這就產生了無窮無盡的爭論：這個形象究竟有甚麼規定——才智、自由、自我交流(self-communication)、愛、創造力、主導權、關係性

(relationality)、男女兩性關係、身體外貌，或者是與上帝三位一體這種性質相應的某種組合？基督徒關鍵的標準是耶穌基督這個人，但這也會引起枝枝蔓蔓的討論：這指哪一種人性？公元一世紀，一位猶太木匠的兒子，用甚麼方法成為其他人的規範？他作為男性能包括女性嗎？從進化論和遺傳學的角度怎樣來理解耶穌？有關耶穌的歷史證據有甚麼地位呢？

從人性和神的關係裏提出這些典型的問題，已經生出了大量的課題，把神學人類學(theological anthropology，這是一門討論人性本質的亞學科)引入到與人文及自然科學、哲學體系，以及所有其他擁有自己的人性概念的世界觀和宗教的對話之中。這樣就會造成各種問題的爆炸。在這些科學之外的東西，為甚麼在界定人性時有權威性呢？另一方面，這些科學如果對規範、價值和倫理學沒有甚麼幫助，那麼，它們能做超出描述、分析和解釋的事情嗎？到底有沒有普適的人性？倫理學的多元主義，會不會把我們領入倫理學的相對主義，而對任何一種普適的現實倫理不抱希望？如果這樣，為甚麼不把某些種族、民族或階層看得要比其他的更有人性、更值得尊敬和保護呢？或者把男人看得比女人高，或者相反？那些有嚴重殘疾的人又怎麼辦呢？有甚麼好的理由要給他們更多的關懷和資源？受精卵的人性是甚麼呢？或者一個依賴維持生命的機器生存、處在所謂「植物人」狀態的人又怎麼辦呢？神學倫理學就要努力解決如此之多的問題，通過在上帝面前的生活、思考、討論和崇拜，從這個悠久的傳統裏找到一種智慧的啟迪(以及對愚蠢的反省)。

第五章

面對罪惡

上帝是前二章的核心，而罪惡(evil)則是關於上帝最為關鍵的問題。對於古往今來不計其數的世人來說，罪惡是在相信和信仰上帝時現實和智力上最大的障礙。面臨這麼多的悲劇、污染和邪惡，一位慈愛的上帝創造、維繫這個世界，並且繼續活躍在為所有造物謀求利益的歷史當中，這在道德上來看似乎不太可信，甚至是荒謬的。

並不僅僅是上帝的信徒才有這個關於罪惡的問題：這是一個任何哲學或世界觀的基本問題。放棄善良的上帝，解決罪惡的方法可能會出現其他的問題。譬如，這種解決要把罪惡簡單地當作是，一種在沒有上帝的宇宙裏無序的、隨機的進化的自然後果，那麼，就會出現這樣的問題：世人怎麼可能回應罪惡，或者應當怎樣回應？這還會產生整個過程毫無意義的麻煩。我們並不認為，存在沒有問題的解決罪惡的辦法，甚至不敢肯定，從可能會有明智的解決問題的辦法入手考察罪惡，這種做法是否正確。解決罪惡的企圖有沒有把這個問題瑣碎化？我們能肯定這首先是實際的問題，召喚一種實際的回應嗎？不過，絕大多數實際的回應需要思想和才智，停止對罪惡的思考並不是解決的辦法。本章是要探討思考罪惡的方式，說明不恰當地思考這個實際上最為緊迫的問題會有相當的危險。

個人的、結構的和自然的罪惡

生活的大多數領域不可避免地要引起罪惡的問題。被貼上「道德罪惡」、「人類罪惡」或「罪」(sin)的東西，觸及到人類的每個活動領域。人是不公正的、惡毒的、殘忍的，他們說謊、欺騙、謀殺、背叛等等。每種關係和活動都能被扭曲或腐蝕。自然界也要遭到污染、破壞或毀滅。罪惡是我們最親密的友誼、婚姻、家庭生活的一部份，它的後果年復一年地累積起來。罪惡決不需要是顯著的，而是隱伏的、微妙的。

人類罪惡所引起的最頑劣的困境，經常能在法院裏證實。當然，並不是所有的社會都認為道德上錯誤的事情都是非法的(許多形式的說謊、惡意、殘酷和背叛並沒有違背法律)，並不是所有的法律都是針對道德上會有對錯的內容(譬如交通或商務的許多立法)。但是日復一日，我們聽到了一些法律案件，引發我們思考，如何理解罪惡這個經典問題。首先是自由和責任的問題。被告真的要為他(她)的行為負責嗎？有沒有這些因素，可以作為減輕責任的藉口，譬如精神的健康狀態、脅迫、父母不良養育和虐待的歷史？或者應不應該有一種「有罪但患精神病」的判決？

在我們的文明裏，類似的問題是最有權勢的力量的戰場。現代西方嚴重地分割了自由和責任。一方面，它捍衛許多形式的人類自由，人權、性自由、政治自由以及諸多領域的自由選擇。另一方面，許多最有才智的成員根本不相信人是自由的，耗費巨大的精力去說明，我們事實上是基因、無意識驅動力、教育、經濟壓力或者其他各種條件的產物。換言之，經常借用自然或人文科學，斷言人類自由、尊嚴、權力、理性、責任的人和提供各種有關人性的「還原主義」(reductionist)描述的人，彼此之間存在着張力和衝突。

這些差異有其深刻的神學根源。負責的個體是在法律上負有責任，西方的這個觀念是在基督教與羅馬法融合過程中形成的。特別是奧古斯丁，他對此具有重要的影響，我們在他的自由思想裏可以發現這些張力。一方面，他並不想讓上帝為罪惡承擔責任，所以，他說，根據《創世紀》第三章關於墮落的聖經故事，人類的罪(以及在他看來緣此而發的其他罪惡形式)，要歸因於亞當(Adam)所誤入的人類自由。另一方面，他承認，既然人類的動力錯得可怕，我們作為人類的一份子普遍受其影響，也就不可能逃脱罪和惡。他想藉此公正地對待統御一切的上帝和只能對上帝的恩寵感恩的世人。這就引發了一系列問題：人是怎樣自由的？他們的自由怎樣與上帝的自由相關？顯然，回答這些問題的方式，在很大程度上會影響到：我們怎樣理解罪？法律體系和其他制度怎樣處理責任和可靠性(accountability)的問題？

但是，這個法律體系一旦腐化了，情況將會怎樣呢？如果制定的法律使無數的人喪失人性，就像納粹的法律反對猶太人和其他的人，情況又會怎樣呢？如果婦女、黑人或丈夫受到法律的歧視，受到整個體系的歧視，情況將會怎樣呢？這是甚麼類型的罪惡呢？我們對社會和制度進行社會科學的描述，它的特點是要揭示每一種何以都有它的「文化」，體現出某種觀念、價值、規範以及對實在性的判斷。我們通常並沒有弄清楚這些內容，事實上，其中最關鍵的東西經常被我們想當然地簡單認作事情本該如此。自然科學家通常並不會明確說明全球互聯網相當重要的倫理規範，事實上，他們經常不把自己當作某個道德社群的一份子進行反省。政黨並不經常辯論人類生命為甚麼應該受到重視，律師也不會追問援引法律是不是解決爭端的適當方法。不過，有些東西涉及到建構整個社會和制度的方法，我們可以據此提出一些根本問題。更有甚者，罪惡能被認為是這些結構運轉的方法。資本主義的動力扭曲和破壞人類的安寧，以致於我們應當徹底改變整個經濟體系嗎？在科學共同體(scientific community)常見的工作方式裏，表現了有缺陷的倫理和政治責任，所以，我們至少要為大量的生態破壞以及現代戰爭所導致的死亡和苦難，部份地怪罪於科學共同體嗎？宗教社群首先是人類生活的墮落者，它給人們灌輸激情和仇視，危及了這個世界嗎？

我們用神學的術語，打開了「結構的罪」(structural sin)這個領域。人們發現他們自己成了結構的一部份，而這種結構的動力對人類的發展產生着影響。個體無法為共同合成的罪惡直接承擔責任，不過，他們以複雜的途徑投入其中。特別是在現代，人類要共同為無人能夠控制的放縱力量承擔責任：政治體制和革命，軍事組織和戰爭，股票市場和破產，似乎有其自身的動量而沒有人能夠阻止的技術，以無人能夠預測或預防的方式型塑文化的信息系統和媒體。這些因素以及許多其他的因素，形成一股合力，多方面產生了一種破壞個體和整個社群的巨大能量。但是，甚麼人能為此負責呢？責備「體制」意味了甚麼？這種責備的語言看似不太合適。不過，我們對那些產生或善或惡的後果的事情、對人類造作出來的東西，勉強放棄了使用道德語言。我們有時所用的神學語言的形式，是惡魔的或「權天使(principalities，指九級天使中的第七級)和掌權天使(powers，指九級天使中的第六級)」的形式。基督教和其他的傳統都提出了一些術語，用以指稱那些超出個人範圍的罪惡。這些

圖4　懷抱死嬰的母親。

罪惡統括個體和整個社群或民族，似乎有其自身的動量和意願而對人類的控制或合理性反應冷淡。但是，假使上帝要為世界上這些成倍增長的可怕的動力負責，那麼，上帝難道不該也為所有這些罪惡負責嗎？

除了那些源自人類意向(human intentions)以及人類所設計的體制和結構的罪惡，還有一些有時被稱作「自然的罪惡」(natural evil)，指由於疾病、自然災害和其他有害力量而引起的痛苦、不幸和死亡。上帝在創造這個世界時，預想到要發生這些事情嗎？面對這些情況，上帝與塵世之間任何形式的互動，能讓人想像出這位創造和維持世界的上帝既善良又強大嗎？

我們對上帝的指責成倍增長，但是，所有這些指責歸結為一種強烈的哭訴：要把世界上各種駭人聽聞的罪惡的終極責任留給上帝。

可能最好的神義論？

神義論(theodicy，源自希臘語的神 God 和正義 justice)，是一種回應上述指責而想為上帝證明正當性的神學和哲學的名稱。有些神學家拒絕參與討論，因為他們認為，對人類來說評判上帝是不合適的。但是，這些進行之中的事情並不是必需的。這不過是由於痛苦和明顯的矛盾(漠視這些痛苦和矛盾則是不負責任的)而企圖質問上帝。

不過，如果這是合法的，甚至是不可避免的，那麼就不會有任何令人滿意的方式，能使神義論達到預期的目的。我要竭盡所能，提出一種最好的神義論，考察一些無法充份回答的問題。

針對這種指責，即一位善良的、全能的上帝不應當允許個人的、結構的或自然的罪惡，神義論存在幾條有潛力的思路。一條是追問被假定的上帝概念。假設：上帝創造了具有真正自由的世界，並且拒絕操縱這種自由永遠行善。這樣，難道不就成了這種情況：任何類似的操縱都意味着，世界只是一架由上帝運轉的機器，人無非就像機器人？如果這種假設成立，任何介入(intervention)的形態都被排除了，事情就一定會出差錯。自由被錯誤地利用，而上帝也許會提供各種善後的方法，諸如忍耐、反抗、治療、原諒、和解的方法。上帝在某種意義上甚至可能蒙受罪惡的後果，既完全認同受害者，又完全認同行惡者，藉此承擔了罪惡的責任。其他的思路是引入這種責任和生活方式：既要直面現實中最壞的方面，也要分享新的生活品質。這顯然是一種三位一體的神義論，假定上帝創造了一個真正自由的世界，上帝通過苦難、罪惡和死亡成為世界的一部份，藉此承擔責任，聖靈使他人沉浸在塵世之中，充滿了信仰、希望和愛，不讓罪惡成為最後的結局。

這種思路進一步的向度，是要從信仰上帝的視角考察罪惡的各個方面。儘管現在這看似不可思議，但上帝據信甚至可能從駭人聽聞的罪惡裏引出善意，這也是可以想像的。從故事的結局來看，許多看似可怕或悲慘的方面，亦有可能具有某種意義。我們熟稔許多其他的語境(contexts)，一旦看到了更為充份的圖景：那些看似折磨的事情轉化為醫學治療，那麼，我們對於好壞的評價就會有根本的改變。當然，以此來為所有的罪惡證明正當性，這是不能容忍的，不過，也有一些罪惡能被看作是開啟了善良(譬如同情)的可能性，而這種善良在其他場合很難出現。最後，神義論的問題是，上帝的創造是否正確。大家認為，我們簡直無法回答這個問題：要麼相信上帝知道所涉及的事情，並且作出明智的判斷；要麼宣稱在這些事情上不可能有完美的結論。

自然罪惡的許多方面或許能被看作是某些善行不可避免的結果。生物學上的痛苦有其關鍵的功能，從超越死亡的永生這個角度來看，生物學上的痛苦與生物學上的死亡是很不相同的。事故和自然災害也可被看作是充滿偶然性的宇宙的一部份，而這個宇宙則是可靠的自然秩序和人類自由賴以存在的場所。

因此，我們考察罪惡，其實有一種人文的立場。說來也怪，作為旁觀者而不是受難者，我們與上帝的關係似乎更為遭糕。當然，這並不是常態，但是也有許多這樣的例子。有人遭受了嚴重的罪惡，譬如虐待、背叛、痛苦的無能或屈辱，他們對上帝的信仰卻因此而加深了，儘管那些目睹他們受難的人會動搖甚至粉碎他們自己的信仰。為甚麼甚至在奧斯維辛(Auschwitz)之後信仰上帝並非不可能，原因之一是，許多在奧斯維辛受難、死亡的人保持了他們對上帝的信仰。這就提醒了我們，在上帝及其參與者之間，應當思考在任何情況下確確實實發生的事情。許多對上帝的指責是旁觀者的議論，他們假定自己能夠發現各種情況下最重要的東西。即使一位受難者放棄了對上帝的信仰，這在那個人與上帝的關係中間，也決不是最後的表態。

我們處在良好的狀態裏，去評判上帝怎樣真實地參與各種境況和生活，人類的這種自信可能要被進一步削弱，一旦我們反思自己多麼容易變得短視、急躁、誤判、狹隘和猜忌。另一種向度是在大量關於受難的議論裏經常提到的問題。如果把各種受難的例子疊加起來，我們還能做甚麼有意義的事情呢？受難的最大限度是不是任何個人所能承受的最大限度？如果這樣，那麼說「受難的總量」(這個問題確乎存在，但我們不必拘泥於不太恰當的數學關係)就沒有意義了。

另一方面，儘管我們自己和其他人都有對罪惡的恐慌，但是由於大量的人誠實地解決了這個問題，並且繼續信仰上帝，我們對上帝的信心可能還會有所增進。並不是我們最早面對這個問題，這已經有一個悠久的傳統了——質疑、討論、彷徨、最終還是保持了信仰。這不是要赦免任何人親身經歷這個傳統，而是意味着他們有自己的教友。在這些教友裏，不僅有那些能夠指點思想方法的人，而且，首要的是還有另一些人，他們能用生動豐富的、實實在在的信仰體現一種經歷嚴酷考驗、受難的可能性。

這就引出了基督教神義論的根本特徵。確切地說，這並不在於贏得或者輸掉一場爭論。我們這個世界上的罪惡，主要不是各種議論所要遭遇的，而是那些以某種生活方式生活又以某種死亡方式死亡的人所要遭遇的。我們無法概觀在他們生活和死亡的深層與極限裏所發生的一切，但是，我們有足夠的證據說明，那些曾經面對最壞的情況的人因此證實了上帝的善良。他們的故事是真正的神義論的核心。然而，我對這類思考並不滿意。這並不是因為這類思考缺乏實質內容，而是因為駭人的罪惡的現實經常促使人懷疑這類思考的正當性。假設罪惡在某種程度上是通向善良的手段，這種企圖特別容易遭到道德的譴責，但是所有其他的假設同樣存在一系列的攻擊。首先，那些關於罪惡或者罪惡的體驗的昭然若揭的、令人作嘔的證據——我們誰都能舉出這樣的例子——會使所有的正當性證明落空。面對罪惡，誰還能言說？甚至誰還能充份地思量？這不正是基督教和其他傳統經常說的「黑色神秘」(dark mystery)，而我們對這種東西是不可能有滿意的理解、解釋乃至描述的？

上面最不充份的地方，是我開頭關於道成肉身的上帝(incarnate God)這一部份，以及我所總結的相關部份，這可以被稱作是聖徒們的論據。但是這些都是怪誕的論據，完全依賴於信任和洞察力，一旦想像力充斥了罪惡的現實，就很容易會截然不同地解釋(甚至完全拒斥)上帝，或者選擇不同的個體和群體的故事，這些故事講述顯然沒有實現的或不可能實現的罪惡和苦難。

這個傳統最基本的陳述，是有一種雙重的神秘，罪惡的黑色神秘和善良的光明神秘(bright mystery)。承認神秘並不需要阻止進一步的思考，儘管黑色神秘總是否定終極的可理解性(intelligibility)，光明神秘具有無限的可理解性和豐富性。進一步探索基督教神學的最好方法，是思考兩種神秘交融的神學話題，即耶穌基督和拯救。對許多基督徒而言，神義論就出現在這種交融裏面。善和惡的戲劇，被凝聚在一個人的歷史裏。所以，這不是新的論據(儘管它引起了無盡的爭論)或新的解決，而是一個要被信任和期望的新人。耶穌基督被看作是能從事最壞的罪惡的人，也被看作是無論在多麼可怕的環境裏都能信任的人。這種鮮明的基督教反應，在以後兩章裏還會詳細討論。但在此之前，本章要在以前兩章所討論的上帝這個語境裏闡釋罪惡，予以總結。

作為偶像崇拜的罪惡

至此主要的焦點是面對罪惡去論證上帝正當性的可能性。如何用上帝之光解釋罪惡呢？這方面有許多嘗試性方法，這裏所説的一種起源於上一章討論的崇拜這個概念。當時把神聖定義為你所崇拜的東西，作為慾望、關注、義務、精力和尊敬的關鍵。我們用慾望、強制力和義務這些術語描述社會，它們從根本上規定和型塑了社會。換用神學的術語，我們可以通過對上帝和偶像的崇拜來界定社會。如果從神學上可以理解罪惡，無論這與善良的上帝多麼自相矛盾，那麼，偶像崇拜的動力就是探索何謂罪惡、以及罪惡如何展開的基本方法。

如果我們把這種見識以普適的方法運用到大扭曲(big distortions)上，把明顯的候選者稱為偶像，就像上一章所做的，譬如金錢、家庭、種族、階層、性別、民族、合法性、愉悦或者自我實現，那麼，這是相當率直的做法。顯然，這些東西和其他的事物能有一種優先權，它們把基本上善良的東西變為最終是偶像崇拜的、扭曲了的東西。二十世紀充滿了這種錯誤的崇拜破壞人類發展的例子。只有一個佔支配地位的關注點時，偶像崇拜就是「一神論的」；同時有幾個關注點時，那就是「多神論的」。

不過，具體的情況通常是複雜的，有關的判斷也值得商榷。個人怎麼做出決定呢？譬如，從心態健全地專注於經濟繁榮，到唯利是圖地追逐利潤，這裏的區別怎麼做出呢？這裏隱藏了有關洞察力的嚴肅問題，兩頭都有誇大其辭的可能。滿意的神學判斷，需要不斷地通過崇拜、對傳統和語境的理解，挨個挨個地進行個案分析。我現在根據自己的體會加以舉例說明。

五年來，我是一個團體的成員，這個團體包括神學家、牧師，還有一些在英國城市被遺忘的角落裏「實地」工作的人。我們嘗試了許多辦法，想公正地對待這些地區複雜的現實，諸如個體與群體的故事，住房、兒童、黑人的遭遇、工商企業、犯罪和恐慌。關鍵的焦點落在城市貧困地區的崇拜，及其在供給當地生活的動力時的意義。偶像崇拜成了一把理解的鑰匙，但是，我們應當承認，對於那些參與偶像崇拜的人來說，這種崇拜是包容萬象的、普遍存在的，它是他們的常態(normality)。正因為如此，社會的偶像可能在邊緣地帶變得清晰起來了，常態處在重負之下，或者自相矛盾。偶像通常受到謬誤的支持，忽視主要的真理，我們在這些邊緣地帶很容易觀察到這些現象。

邊緣地帶不僅是指有各種不同觀點的地方，它們也經常是偶像崇拜的惡果最明顯的地方，諸如淒苦、抑鬱、貧富懸殊、暴力、生活拮據、前途黯淡。我們發現，社會上各種常見的偶像崇拜，諸如經濟成功、效率、地位、安全、愉悅、強權和勢力，它們的消極後果，在這些被遺忘的角落變得特別的集中。邊緣地帶能揭示何者受到社會的崇拜，何者被不惜代價地加以規避，因此，針對主宰人世的諸神的失敗之處，這些地方成了體現痛苦的真理的場所。不過，它們能以最具破壞力的方法表明佔支配地位的偶像崇拜，淒苦的生活能夠激發起人們對金錢和財產的過度追求，他們對攫取財富、地位、權力和愉悅的想像始終非常強烈，因為在獲取這些東西的各種主流方式裏，這些人被排除出去了。

在這種情況下，崇拜三位一體的上帝成了關鍵的標準。何謂終極的、何者能以耶穌基督為中心，這能提供另外一種視角，也能促成一種並不依賴於被偶像役使的價值和目的。它能保持一種想像現實的不同方法，亦能抗拒錯誤的、不恰當的形象。最重要的是，它能充份證實上帝的實在性，拒斥任何與此矛盾的內容。*

當然，在其他主要的宗教傳統裏，對偶像的識別、對慾望的正確引導，也是它們主要關心的地方。在英國城市裏，穆斯林(Muslims)、印度教徒(Hindus)、錫克教徒(Sikhs)經常在邊緣地帶表現不當，因此，如果要他們確實回到自己的傳統裏，亦要承受沉重的壓力去拒斥佔支配地位的偶像崇拜。在英國被遺忘的城區，這種拒斥能在不同信仰的追隨者之間引發一種值得重視的合作。像金錢、種族、暴力或

---

* Peter Sedgwick (ed.), *God in the City* (Mowbray, London 1995).

愉悅這樣的「偶像」，對於信仰社群來說，這是一種強烈的刺激，有助於我們去發現他們的智慧不僅互相聯繫，而且甚至還能互相學習。

結論：敘事、超敘事及其最佳實踐

本章考察了罪惡的主要類型，個人的、結構的和自然的罪惡，提出了一種竭力要為與上帝有關的罪惡論證正當性的神義論，並且判斷這種神義論不能令人滿意。然而，比任何神義論更為根本的是，罪惡的黑色神秘和上帝的光明神秘這雙重神秘的古典立場。在最後一節裏，我們通過對罪惡的考察，在偶像崇拜這個標題下，提示了這雙重神秘的複雜性因素。在城市貧窮區域的崇拜，處在英國社會偶像崇拜的巨大壓力之下，這種崇拜的例子，同時表明了歷史現實中的這兩種神秘。不僅面對罪惡，而且也面對上帝，神學試圖公正地對待這兩者。在基督教神學裏，這兩者最充份地同時體現在對一個人的敘事(narrative)裏，這個人將是下一章的主題。

這種敘事是基督教神學敘述罪惡的核心。非常重要的是，這種敘述採用了故事的形式，它不是一種論據、一種解釋，或一種答案。事實上，這能引起眾多的神學議論和反思。其中有些是「超敘事」(metanarrative)的敘述，包羅了各種設置現在生活的故事。經典的超敘事是奧古斯丁所作的，他開始解釋

《創世紀》裏有關創造和墮落的敍述，最後把人分為在末日審判(the Last Judgement)時被祝福的(the blessed)和被詛咒的(the damned)兩大類。還有一種説法，有時與伊里奈烏斯(Irenaeus，小亞細亞神學家)有關，認為這是一種未完成的創造，罪惡是在趣向最終再現基督一切事情的發展過程中的副產品。其他的宗教也有它們的故事；世俗的超敍事，包括對人類進步的敍述，馬克思主義者進述以階級鬥爭、革命達到無階級的、自由、平等、博愛的公正的社會。除了這些樂觀的結局，有人在歷史裏找到了悲劇的情節。被貼上「後現代」標籤的思想家，強烈地批判了所有的超敍事：他們講述一種「反超敍事」(antimetanarrative)，認為歷史缺乏一種全面的意義，以反諷的形式活靈活現地敍述零零碎碎的歷史事件，暗示了搜尋完整意義的荒謬性。所有這些觀點不得不還要説明自然科學的企圖，它們試圖講述宇宙的故事(譬如，宇宙大爆炸起源説，試圖預測長期的未來)，以及地球上生命的故事(達爾文主義者和新達爾文主義者對進化論的解釋)。所有這些也涉及好與壞的標準，從以上帝為中心的觀點(好是上帝創造的東西，並使上帝愉悦)，經過其他人類福利的道德標準，一直變到非道德的尺度，在一個由機遇主宰的世界裏，這種尺度以生存與適應能力為基礎。

最近的基督教神學對傳統超敍事的批評相當敏感。這裏既有學術的也有科學的理由，因為把《創世紀》開頭幾章讀成科學或者讀成歷史，似乎不太可靠。另一個理由是倫理學的：偉大的、統攝一切的敘事，被看成是無法矯正的意識形態的敘事，隱而不顯的實際事務是為特定的利益服務的。對過去和未來知道得很多，這種危險的宣稱很容易被用來控制或操縱其他人，證明強制行動過程的正當性。《創世紀》裏關於墮落的故事，經常被用來反對婦女；《啟示錄》關於歷史末日凝血的意象，使宗教戰爭、迫害、操縱性的福音傳道、反共產主義的討伐合法化。但是，基督徒對超敘事的懷疑，最深層的神學原因可能是，最初的敘事框架應該是關於耶穌基督的生、死和復活的福音故事，把他看成是參與了創造，同時也是歷史末日的主要線索。說明《新約》裏的張力是非常有益的，這種張力的一端是推測歷史末日的細節這種興趣，另一端是更為根本的一種虔誠，無論有關歷史末日的細節和情節是怎樣的，基本的信仰和希望就是這出戲中的決定性人物耶穌基督。在他的位格裏，他聯結了上帝的神秘和上帝地面對、經受苦難、罪惡和死亡時那種善良的創造的神秘。

這種對耶穌基督的信仰與希望，其實際的含義是在充份強調：現在要和他以及他人一起生活在愛之中。這種強調並不是想解決罪惡的神秘，而是要拒絕罪惡，建設社群。這些社群對崇拜、寬宥、信仰、希望和愛的最佳實踐，標誌了上帝而不是罪惡是生活的基本真理。為了對這種實踐提供令人信服的批評，僅僅拒絕超敘事是不夠的：正在處理的核心問題，是一種有關上帝、他人的智慧和實踐，以敘事和其他形式體現在有關耶穌基督的證據裏。我們現在應該講講這些內容了。

第六章
耶穌基督

在西方媒體裏，耶穌經常(近年來相當頻繁地)受到廣泛的宣傳。這種情況的出現，可能是由於一項考古發現，一種對《新約》之外的寫本的新解釋，一種在猶太人背景下對他生平的全新重構，一種在《新約》裏藏有密碼的宣稱，或者一種有關福音書寫作的文學理論。在一般情況下，復活節會引起有關空墓以及耶穌在追隨者面前的形貌的一大堆解釋，聖誕節會引起有關耶穌出生的各種爭執不下的新考察。有些定期的電視節目宣傳各種理論，試圖呈現一幅完整的耶穌肖像。所有這些合在一起，表現了這幅激發熱烈爭論的肖像所具有的令人迷惑的多樣性。

不過，如果有誰屬於那些被估計部份參與基督教崇拜的十五億人口，那麼，他就會有非常不同的印象。這樣，《新約》的耶穌就是一種規範，他們很少去關注傳媒裏的時髦論調或者學者們的各種理論。這裏有許多原因：崇拜模式變化起來相當緩慢；大量的信徒簡單地「不想知道」任何針對他們信仰的令人難堪的挑戰；許多教會裏的人知道這些，譬如受過神學訓練的牧師，他們似乎不太想廣泛地談論這些。但還有一個更為可信的理由。如果要被迫作出反應的話，在那些理智地得知這些情況的人中間，常見的反應是他們不想太興奮，因為輝煌的「發現」、「突破」、「新解」事實上有着相當多的劣跡紀錄。通常在很短幾年時間裏(甚至是立刻)，大多數學者會有相當清楚的共識：最初的反應是過於誇張了，其結果並沒有對耶穌的學術形象產生任何變化。頂多也只是在已經提到的幾千條選項或解釋的腳注裏增加一條新的。

從神學上思考耶穌，既不必根據主流的基督教崇拜，把耶穌當作最後的道，也不必不斷地受到時尚的影響。這就要用盡可能嚴肅的學術和神學思考的方法，去追問這樣的基本問題：如何理解和評價《新約》以及其他有關耶穌的證據？甚麼因素構成了關於耶穌的基督教經典教義的發展，這些發展在當代基督教信仰裏成為各種與耶穌其人聯結的方法的理由？歷史上、當今世界上耶穌的肖像和形象，具有令人驚奇的多樣性，在眾多現代的和後現代的挑戰中對耶穌的傳統理解臻於極致，這有甚麼意義呢？這些是我在本章其餘部份所要講述的三個問題，特別是要關注第一個問題。

有關耶穌的基本證據

有關《新約》最令人吃驚的事情之一，是它包括了四部不同的福音書，歸屬於馬太(Matthew)、馬可(Mark)、路加(Luke)和約翰(John)。在這四份有關耶穌的敍述裏，材料、事實、解釋、風格、神學以及耶穌的整體形象，都有相當顯著的差異。研究福音書的學者最初要做的練習之一，就是要做它們之間的對比，畫出四欄，檢查它們彼此之間的聯繫。耗費大量時間這樣做，除了學習希臘語之外，對於耶穌的學術研究可能是件最有用處的事情。當注意到彼此的相似處和差異點後，就會出現一系列問題，有件事情首先會變得清楚起來：這證明很可能沒有一個單一的、公認的耶穌形象。如果考察的證據就是基督徒所寫的、基督徒公認是權威的四篇敍述，情況尚且如此，那麼一旦包括其他的證據，這種情況將是多麼紛繁複雜，多少具有相當不同承諾和世界觀的人會提供他們的解釋！

對四福音書的反應，從荒謬地企圖表明彼此沒有真正有意義的差異，一直到從根本上發生懷疑，斷言：彼此差異之大，足以讓我們否認有關耶穌的任何可靠的歷史知識，甚至到了不知道他是否真的存在的地步。探討這些極端的意見雖説饒有趣味，但是一篇短小的導論不得不忽略這些，集中在相對肯定的而不是僅僅可能的內容。即便是相對肯定的內容，這裏也不能有太寬泛的辯論。我想認同的關鍵問題是：《新約》裏有關耶穌的證據的歷史可能性，能否足以維繫基督教信仰裏耶穌基督的可靠性？

耶穌的生與死

有關歷史上的耶穌的第一個問題，是哪些屬於可靠的原始材料。有關「新材料」的聲稱不斷地製造新聞標題，但事實上能在《新約》之外直接談到耶穌的內容實在微乎其微。有關耶穌的猶太人背景(background，毋寧說是前景[foreground])的材料，以及在耶穌那個時間、空間裏有關羅馬帝國內猶太人的語境的材料，特別是在二十世紀，可以說是汗牛充棟。關於猶太人社群內部的張力，不同的宗教團體及其各種期盼(包括對彌賽亞[Messiah，這是基督Christ一詞的希臘語]的希望，他能把猶太人從敵人那裏解放出來)，羅馬人統治下巴勒斯坦(Palestine)的社會世界，不同部落的猶太人如何思維、如何行動，耶路撒冷(Jerusalem)寺廟的工作方式及其意義，以及行游的卡里斯瑪式(charismatic)宗教人物的角色，我們遠比以往知道得更多。

福音書裏的耶穌非常適合這個普遍的形象，但特別說到他這方面的材料，在福音書之外非常稀少。這意味着，對這個語境不同的解讀方法，在沒有多少直接證據的情況下，就能產生各種不同的耶穌肖像。在對耶穌的學術研究中，非常令人沮喪的一點是：死海古卷那次令人興奮的發現，最終並沒有提供有關耶穌的任何令人信服的旁證，其實這批作品屬於就在耶穌那個時代興起於巴勒斯坦的艾賽尼苦修派(Essene community)。

不過，還是有些材料專門提到他。在羅馬作者蘇埃托尼烏斯(Suetonius)和塔西佗(Tacitus)，以及在猶太歷史學家約瑟夫斯(Josephus)那裏有些簡短的注釋。更值得商討的是些基督徒的材料，諸如托馬斯(Thomas)、彼得(Peter)、菲力普(Philip)的福音書，其他的福音書殘卷，以及那些沒有出現在《新約》但可以歸到耶穌的語錄。有些學者想把這些升格為如同《新約》福音一般的經典材料，但是主流的學術觀點是，它們完全依賴於經典的福音書傳統，經常受到後期宗教關懷的強烈影響，和我們所知道的公元一世紀的巴勒斯坦並沒有關係。

這樣，我們就能相當有力地把《新約》當作關於耶穌其人無可比擬的主要史料，對此能用所有已知的關於公元一世紀的背景材料加以解釋。那本小書的解釋非常細密周到，我在下面第8章會有所涉及。我現在的任務是要勾勒出耶穌的生平，在交叉考訂中把他當作可能是歷史性的人物。

按照學術標準的排列，我把部份可以辯護的歷史材料羅列如下：

耶穌很可能在公元前4年左右，生於猶大(Judaea)的伯利恒(Bethlehem)。他的父系是神秘的，在《新約》裏有不同的指示，但是不斷地把他和偉大的猶太王大衛(David)族譜聯繫起來。他在加利利(Galilee)被撫養長大，在他的家鄉被稱為拿撒勒(Nazareth)的

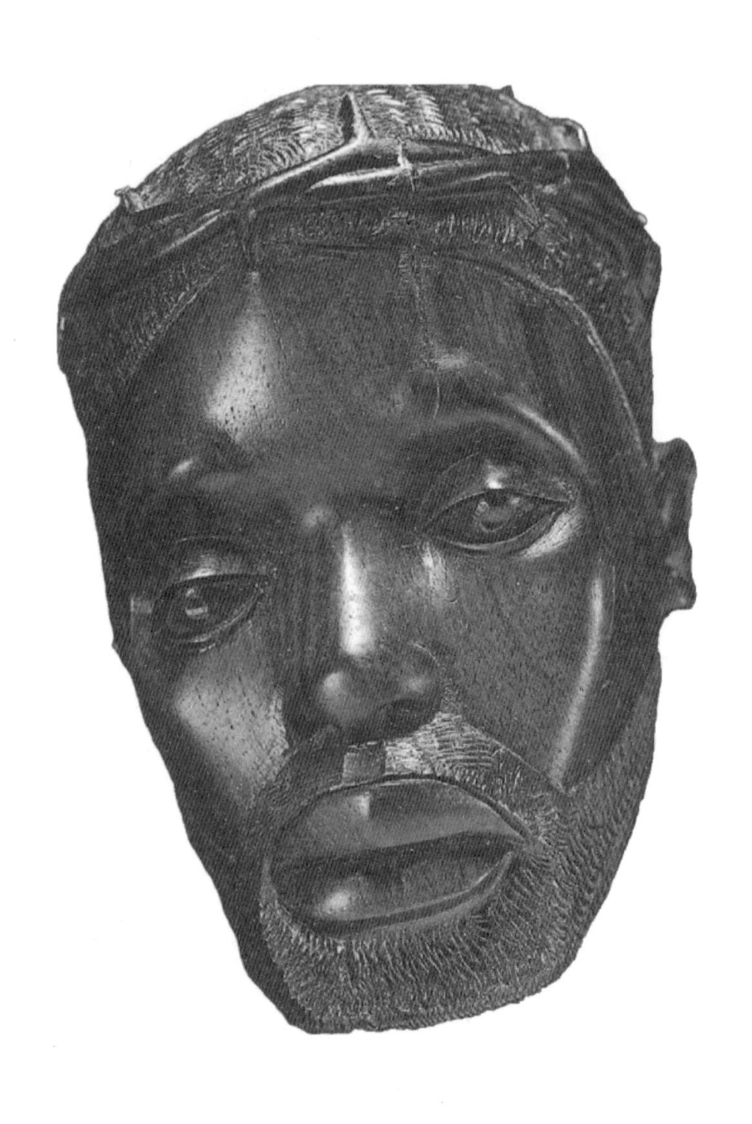

圖5　戴荊藤冠的基督，二十世紀非洲木雕。

耶穌。他和先知般的牧師施洗約翰(John)有了聯繫，約翰在約旦河(River Jordan)裏的施洗，伴隨着一種奇觀，這和《舊約》先知們體驗到他們的「召喚」在方法上有其相似之處。

甚麼是耶穌的「召喚」呢？它在沒有展開時，與猶太人的彌賽亞期待有關，可以重新解釋其他的期待。其核心是他宣佈了上帝之國(Kingdom of God)。首先是關於誰是上帝以及上帝在做甚麼。這個好消息是關於上帝那種無所不在的慷慨、寬宥和同情，賦予上帝一種關鍵的形象：上帝在聚會或婚禮上歡迎那些通常被認為得不到拯救的人。耶穌用鮮明的譬語再現這個王國，其中許多譬語表現了典型的加利利生活：搖弋的麥田，厭惡的稅收官，不在地主(absentee landlords，指不居於產權所在地的地主)，巨額的債務問題，艱難時世裏被掩埋並被忘記了的財寶，雇用按日計酬的散工。他也宣佈了許多付諸行動的信號，宣佈了上帝之國在治病和驅魔方面的自由，在他與妓女、稅收官同桌(table fellowship)的親身經歷中，表明了上帝寬廣的胸懷。

耶穌的神職亦有其社區內部的方面。他選擇了十二個門徒，可能是為了象徵以色列的十二個部落。他發現，他的神職體現了以色列所指稱的意思。他作了清楚的說教，成為它的律法和預言的核心內容，呼籲徹底的順從。這種順從將會超越任何書面的要求，去效法上帝的慷慨、仁慈和寬宥。登山寶訓(馬太5—7)對此提供了一種感覺：日常生活的所有方面，包括法律、金錢、爭論、性慾、婚姻、盟誓、怨怨相報、借貸、祈禱、施捨、寬宥、對衣食住行的焦慮、對他人的品評，在這以上帝為中心的視角裏，是怎樣被極端化的。

這篇佈道亦承認，這種生活對社會來說是如何的難以忍受，如何容易招致反抗和迫害。耶穌的目標是以色列的復興，超越以色列的意涵。他看到了隱約可見的巨大危機，宣佈了這個判斷以及懺悔的時機。但他並沒有跟從當時任何一個主要團體的思路，因此非常具有煽動性。他的洞察力是「末世的」(apocalyptic)，它能激起他那個時代強烈的期待：上帝能夠帶來一個偉大的轉機，改變這個世界以及以色列在其中的地位。天啟的期待是多種多樣的，包括劇烈的宇宙災難，彌賽亞各種形式的降臨，從巴勒斯坦驅逐羅馬人。耶穌的期待在兩個基本方面是相當獨特的：他想像已經進入了的上帝之國的方式，上帝之國與他自己的位格的聯結。

相當關鍵的一點，是通過他自己關注這種天啟的期待。這意味着，他的消息、行動與他的位格和命運是不可分離的。福音書通過各種故事説明了這一點，譬如他的施洗(馬可1：9–11和馬太、路加的類似部份)、基督在山上的改變形象(馬可9：2–8和類似部份)、宣稱他為人子(the Son of Man)，可以無比榮耀地騰雲駕霧，對世人的評價依據他們對他的反應(馬可8：38和類似部份)、宣稱他在教化和寬宥方面的權威性。就福音書所有的差異而言，他的消息、神職和他的位格的這種不可分離性，可能是福音書這些證據裏最為深層的特徵。如果這個特徵確實如此，那麼，許多細節就要改變，而耶穌的肖像卻不會有根本的不同。每個福音以不同的方式把耶路撒冷的故事推向高潮，耶穌在那裏受到審判，並被釘死在十字架上遭受迫害，但是，每個福音都是強化了對消息、行動和位格的認同。

耶穌在逾越節(Passover)來到耶路撒冷，這座城市充滿了朝聖者。他騎着小驢駒進入，看似有意應驗了《聖經》的話，一位彌賽亞王謙謙和和地「騎着驢，就是騎着驢的駒子」(撒迦利亞書 Zechariah 9：9)。接着他以戲劇化的行動，把換錢的人從廟裏趕走，激怒了宗教和政治勢力的權貴。特別是在像逾越節這樣的敏感時間裏，這對於他跟羅馬人和猶太神職貴族的關係都是很危險的。在逮捕、指控和迫害耶穌時，他被控告犯有叛亂罪，被認作把自己當作彌賽亞並預言聖殿倒塌的造謠者，羅馬人和猶太人這兩個集團之間，(在猶大這位耶穌門徒的幫助下)似乎存在合作。羅馬人因為政治上的威脅，譴責他是叛亂者，並把他釘上十字架。

耶穌自己的死意味了甚麼呢？他似乎是以此實現他的使命，把他自己的受難和拒絕看作是拯救以色列的一部份，期待着上帝為他澄清。這裏的關鍵事件是他與門徒的最後的晚餐。這究竟是不是逾越節的晚餐，目前還有各種爭論，但是肯定發生在逾越節期間，遙想當年以色列通過宰殺、吃逾越節羔羊獲得救贖(redemption)，走出埃及。與《聖經》裏許多預言式的行動相似，耶穌似乎把盟約、寬宥和他自己的死聯在一起，在進餐時讓人想起湘包和酒等同於他的身體和血液。在他的使命和他的位格之間，這是決定性的紐結點，並以他的死作為印記。

以上所講的每個論斷實際上都可以商榷，其中許多是有爭議的，不過每一種觀點也都有許多學者為之辯護。這裏的目的是想引出上佳的學術，而不是作出任何排他性的聲明。根據學術的歷史標準，其結論是：耶穌在《新約》裏的形象，儘管當然會有可爭議的地方，但是，其中基本的可靠性並沒有遭到篡改。四份不同的敍述，這個事實表明，每一個歷史細節的精確性，決沒有必要在神學上作為針對耶穌可靠性的證據。每一個敍述都想講述足夠好的故事，同時也有其他各種關懷：探索這些無限豐富的個人與事件所包含的神學和倫理學的含義，引出耶穌與特定的讀者群的關聯，回答各種反對意見、異議或其他的敍述。這些關懷使它們遠遠超出了單純的歷史敍事，進入了證據的書寫，這些證據以遠比一系列被證實的事實更為激進的方式向讀者發起挑戰。我們現在轉向所有挑戰當中最激進的一種。

耶穌的復活

所有的《新約》文件，都是在信仰耶穌基督復活這個視域(horizon)裏寫成的。這些文件似乎借此表明，上帝救活了被釘死在十字架上的那個人，上帝這種方法既是新穎的，又是與那個和門徒共餐同飲的人聯貫一致的。這並不是關於蘇醒(resuscitation)，而是關於這個人仍還是他自己，自由地出場、交流、行動，不會再次死亡(他已被驗證了能夠超越死亡)。至於如何解釋那個「事件」，當然還有許多其他的觀點：誤認、欺騙、妄念、幻覺、十字架受難的神話學或符號學的解釋、並不是死亡之軀復活的含義而是「精神的」復活，如此等等。

在第三章裏，我根據《新約》把復活的神學結構歸納為：上帝的行動；耶穌表現為上帝行動的內容；世人通過聖靈得以轉變，而聖靈又來自於復活的耶穌。這被描述為「以上帝為尺度的事件」(God-sized event)，具有人們所信仰的那種上帝的含義。如果有人排除了(不論何種原因)一位上帝，這位上帝又能創造，自由地、令人驚奇地參與創造，那麼，這人就建立了一種與信仰這位上帝相對立的世界觀。不過，還是完全有可能相信這樣一位上帝，但不相信耶穌的復活，這種情況被歸結為證據的可靠性問題。這方面有非常急烈的爭論，對於這些敍述也有無窮無盡的考證，還提出了各種各樣適合這些考證的理論。在這些考察之後，我們得出了一個蒼白的結論：學術性的共識沒有甚麼進展。學者們的主張越是明確，由於各種有偏見的前提或不合適的方法或標準，他們招致各種反駁也就越容易。換言之，在這樣一種案件裏，陪審團要面對這樣一種決定，是否相信這份敍述還有保存的唯一的證據。

不過，在這個結構裏出現了第三個因素：聲稱這個人還活着，在追隨他的社群裏分享他的聖靈，以此確認他是誰。這使我們並不像是在考索久遠的歷史人物的證據。毋寧是說，人們相信，耶穌要以承認他與信仰、愛、希望、喜悦和順從有關的方式出場。如何獲得這樣的證據呢？《新約》有許多這類有關耶穌的證據，至少和它所講的有關歷史語詞和事件的證據一樣多。事實上，所有證據的歷史類型，是由那些有信仰的人提供的。因此，有的證據是關於耶穌是誰，有的關於他所說、所做的東西，有的關於他的受難，所有這些證據，都和有關耶穌在死後復活時與他自己的聯繫從不間斷的證據，不可分割地交織在一起。我們如果企圖從這種複雜的證據裏抽取復活的證據，那麼，復活就會遭到歪曲。如果上帝、歷史事件、持續的目擊者社群，它們同時具有不可分離性，那麼，任何一個陪審團都不得不承認，他們有關生、死、上帝的根本承諾和理解，都要經受考驗。雖說有些零碎的話題，但是關於耶穌的證據的整體性，就不允許我們在歷史的耶穌(Jesus of history)和信仰的基督(Christ of faith)之間分界劃線。

當神學拒絕讓任何的零碎化(compartmentalization，包括「發現」戲劇化的標題)無視這個案件全部的複雜性，而去武斷地作出一項判決時，它就最充份地公正對待耶穌復活的問題。這種複雜性，其核心就是要同時兼顧歷史的和神學的要求。如果一位學者、神學家或者任何其他人想把兩者分開——正如像許多人所做的那樣，要麼是真正的歷史進路，從而忽略了上帝；要麼是真正的神學進路，從而忽略了歷史學家所說的東西——那麼，他們也有權這樣做。但是，他們也要承認，他們違背了最早的目擊者的證據，為了公正地對待他們所見的這起史無前例的事件：一個過去的死人因上帝的生命而存活下來，他們尋找上帝的和歷史的證明。

古典的基督論

我們把復活作為合適的出發點，藉此跟蹤基督徒理解耶穌的發展歷程，把這部份神學內容稱為基督論(christology)。如果對復活缺乏信仰，那麼，整個發展就無法想像了。正像第三章所說的，這是一個紊亂的、複雜的故事。這裏充斥了大量的口頭交流，故事、佈道、教化、崇拜、預言等等；也有大量的書面內容，福音、書信、歷史敘事、天啟、信仰的短札、經文的引文、教化的要素、對立立場的攻擊及其回應。所有這些都有它們的利益、背景、作者、讀者，有助於我們認識它們是怎樣寫成的。周圍的社會，以及基督徒之間激烈的分歧，都會對它們產生強大的壓力。

假使帝國有分裂的潛在可能，那麼，在社群的網絡裏顯然有非常強的整合性，以致於能在羅馬帝國範圍內傳播，並且超出了帝國的邊界。解答這個問題的鑰匙，很清楚是他們共同皈依了耶穌基督。這裏所指的各種要素，其中也有被廣泛傳播的共識。他們認為，自己和信仰以色列的上帝存在着持續性，把猶太教經文當作他們的經文，但把耶穌認同為彌賽亞。他們和死而復生的耶穌基督繼續保持聯繫，特別是慶祝主的晚餐(亦稱聖餐 [the eucharist]，領聖餐 [Holy Communion]和作彌撒 [Mass])，通過他的生命、教化和死亡，把他認同為救世主。他們逐步同意猶太教經典之外最權威的文字，這些就成了《新約》，有些書是很晚才被接受的，直到公元四世紀，《啟示錄》(*Revelation*，或《約翰啟示錄》*the Apocalypse of John*)這部書在帝國的東部地區才受到普遍的認可。他們也發展了各種形式的教堂秩序、紀律、商議制度、倫理教化和入會方式，以及有關他們信仰(這些信仰逐漸成了教義)中主要條款的各種摘要。

基督教如何發展，如何把自己和其他的群體劃清界限，如何把自己和那些被「天主教的」(Catholic)基督徒判定為異端而不是天主教徒的人劃清界限，有關這方面的歷史和考古研究，其數量之多在二十世紀堪稱史無前例。至於基督論，這個故事吸引人的地方之一，是它也演繹了其他時期有關基督論的許多觀點。如果你學習了最初七個世紀的故事，你會遇上許多神學的立場，它們在後來的各個世紀裏以各種變體持續下來或再現出來。所以，基督教當它在羅馬帝國裏傳播時，不得不與一種相當高級的文化交流，在那裏一定會提出許多關鍵的思想，這也就不足為奇了。

官方討論基督論的主要標誌是很清楚的，這和尼西亞(Councils of Nicea 325年)、君士坦丁堡(Constantinople[381年])、以弗所(Ephesus 431年)、加爾西頓(Chalcedon 451年)、君士坦丁堡(Constantinople 680年)公會有關。尼西亞和加爾西頓兩次公會最為重要，分別承認耶穌基督真實的神性是「與聖父有關的實體(或存在)」，承認耶穌基督神性和人性的統一，認為神性和人性兩者「不混淆、不變化、不分別和不分離」。換言之，其核心的發展是，通過思索耶穌基督的意義，他的神性和人性都被接受了。這裏的問題並不是上帝的前設定義(predefinition)被放在人性的前設定義邊上，並不是想把兩者調和起來的企圖，儘管其中確有這個因素。革命性的事情是想重新思索：如果耶穌基督內在於自有的上帝，那麼，上帝意味了甚麼？如果真正的人性的標準是耶穌基督，那麼，人之為人又意味了甚麼？許多爭論就是針對人們可能有所期待的這些事情。能否同時公正地對待上帝的神性和耶穌基督的人性，以及兩者在同一個人身上的統一，我們通過這一點就可以檢測每一種神學立場。即使是在被認為正統的基督論裏，在兩種基本類型之間存在着強烈的張力。一種稱為亞歷山大派(Alexandrine，按埃及亞歷山大 Alexandria 的神學中心命名)，傾向於強調基督的神性，以及神性和人性在他身上的統一；一種稱為安提阿派(Antiochene，Antioch或譯安多克，古敍利亞首都)，傾向於強調基督的人性，以及區分基督身上神性與人性的重要性。在十六世紀的新教改革(Protestant Reformation)裏，已經再現過這些類型，譬如，馬丁·路德(Martin Luther)偏於亞歷山大派的基督論，約翰·加爾文(John Calvin)偏於安提阿派。

這些爭論通常相當技術化，我們可以逆料得到對於它們的神學評價也是變化不定的。對有的人來說，基督論是他們最後的話語，已經不可能增加任何具有更基本的重要性的東西了。對其他的人來說，這些是主要的，但這種知識成就不是不可超越的：兩次公會接受了已被教會在它的崇拜裏信仰和實踐的東西，它們不僅通過批判性地運用當時最好的哲學思維，更為妥當地把這些東西概念化了，而且還有更深刻的洞察力，為未來的神學智慧和創造性奠定基礎。對其他的人來說，由於向周圍的希臘—羅馬(Graeco-Roman)文化，特別是它的哲學投降，原本是猶太人的信仰遭到了歪曲。其他的人對整個過程更加單純地作出了世俗的理解，指出了歷史和人文科學討論的一系列因素，經常把重點放在解釋權勢和利益相互作用的意義上。事實上，我們很容易用第二章描述的五種神學類型來評判基督論的歷史。一種是在獨立的、非基督教的現實框架基礎上作出判斷，一種是堅持正統的基督論，把歷代以來的這種基督論視為普遍的、永恒的規範，在這兩個極端之間通常還有三種類型，也就是對於學術性的神學討論最有意思的立場。

歷代多元的耶穌概念

佩利康(Jaroslav Pelikan)，有關基督教神學傳統方面權威的歷史學家之一，在他的通俗小冊子《歷代的耶穌》(*Jesus Through the Centuries*)裏，對耶穌形象的多樣性作了引人入胜的考察。他在研究歷史時清楚地發現，在第二個千年轉折之際，多少以往的關鍵問題以及深有影響的耶穌形象，居然還有靈活的選擇。即興選取這樣的概觀，我們就有可能提出最為重要的有關耶穌的神學問題。

我已考察了神性和人性的問題。在正統派裏，亞歷山大派和安提阿派兩種進路之間一直存在着張力，這些人他們提出耶穌是神但完全不是人，或者是人但不是神。就在教會所贊成的範圍之外，在過去的幾個世紀裏，西方文明毫無疑問地主要是在強調耶穌的人性，以致到了這樣的程度，他的神性在許多人那裏變得幾乎無法想像。這部份是由於通俗的(第三章討論過的)神聖觀念，把上帝想像成超驗的、外在的創造，和人性處於一種對比甚至是競爭的關係之中。但有一個相關的理由，就是關注耶穌的歷史特殊性：耶穌說的是亞蘭語(Aramaic)，是公元一世紀的猶太男人。耶穌這個鮮明的、完全的人性，也被主流的基督教神學家抓住了，因為神性和人性非競爭的概念意味着，耶穌這個人(the human Jesus)就是理解上帝的形象。所以，從各方面來講，耶穌的個體性(individuality)及其特殊的語境是很有趣味的。

這種趣味引發的關鍵問題是，這個特定的個人是怎樣像基督徒所說的，是普遍相關的。基督教神學對此的基本回答看似相當簡單：死而復生的耶穌基督，既是生在巴勒斯坦、死在巴勒斯坦的特定的個人，也是像上帝那樣自由地，和每個人的特殊性普遍聯繫的人。但它並不是這麼簡單。每個特殊性都會提出它自身的問題，它們並不就是實踐的困難，這裏也有值得關注的神學困難。其實，對於這些問題的回應，深刻地型塑了基督教的歷史。我現在要指出，剛才所講的這些特殊性的含義，即把耶穌當作是說亞蘭語的、猶太人、男人和公元一世紀的。

語言、翻譯和文化多樣性

有些宗教有一種神聖的語言，譬如伊斯蘭教，阿拉伯語(Arabic)作為《古蘭經》(*the Koran*)的語言，顯然擁有優先權。但在基督教裏就沒有這樣的語言，用希臘文書寫的福音書已經是大量翻譯耶穌的阿拉姆語的產物了。翻譯過程不可避免地要有所損益，每一種翻譯也是對另一種文化的新詮釋和新適應。決定如何翻譯「God」或「saviour」這個詞，就會產生極為重要的後果，我們要作出數以千計的類似這樣的決定。由於沒有優先的神聖語言，基督教不僅是在語詞裏，而且每每傳入新的語境時，在其他的文化實踐況像是有「化身」(incarnate)似的。這種神學是重要的：它意味着，對基督徒來說，聖靈被看作是投入了交流的過程；它意味着會湧現新的意義；它意味着是在豐富表達與體現不斷增多的多元性，而不是挑戰原初的規範整體。正像我們所看到的，四福音裏多樣的證據，是這種豐富的多樣性的另一種形式，是在抗拒任何一種單一的規範故事或語言。

異教徒教堂裏的猶太人耶穌

作為猶太人的耶穌，是近幾十年來主要的學術熱點之一。最初一批基督徒也是猶太人，他們的《聖經》是猶太人的經典。他們既認同猶太人，又信仰耶穌，把他當作猶太人所期待的彌賽亞，在這兩者之間他們並沒有發現矛盾之處。正是這種猶太性(Jewishness)，在早期教會裏需要作出一項主要的規定：成為基督徒的非猶太人(稱作異教徒 Gentiles)，是否也要行割禮、遵守諸如齋戒等其他方面的猶太律法，變成猶太人呢？當耶路撒冷教會決定非猶太人的基督徒無需遵守加入猶太教的要求時，這是一個極其關鍵的轉折點(使徒行傳 Acts 10–11)。

異教徒的準入，意味着在教會組成方面發生了巨大的變化，這個教會不久就成了非猶太人的天下。這就要和已經建立起來的猶太人社群產生張力與衝突。在這種情況下，人們很容易掩飾、忽略、誤解或者曲解耶穌的猶太性。後來當基督徒佔支配地位時，猶太人作為並不信受福音的代表，仍舊是煽動性的「他者」，因而很容易受到歧視和迫害。於是開始了可怕的反閃米特主義(anti-Semitism)的歷史，後來逐漸成為納粹在大屠殺(Shoah 或 Holocaust)時進行種族滅絕的土壤。這起二十世紀最為慘烈的事件，既對猶太人也對基督徒的思想，產生了深刻而又不斷加深的後果。我們至少是想更好地公正對待猶太人的耶穌，想要探討在用猶太人的眼睛閱讀時，《新約》乃至整個的基督教傳統是怎樣出現的。

男人的耶穌

就男女關係以及理解性別的重要性而言，二十世紀發生了史無前例的變化。這並不僅僅是想保證平等的權利，廢除歧視，關注男性統治和父權主義(patriarchalism)的普遍性。這也影響到某些在我們想像自身時最有力的符號與方式，成為每個人性別認同(gendered identity)的關鍵。所有的文化、宗教，以及討論這些問題的語言，都要受到批判。在這種情況下，耶穌是個男性，在神學上比以往任何時候變得更加重要了。近幾十年，圍繞《聖經》裏的婦女、父權宗教(patriarchal religion)、性別與上帝的關係、耶穌如何和婦女以及其他邊緣群體有關、基督教傳統裏的婦女、以及類似「男性救世主能夠拯救婦女嗎？」

這樣的問題，湧現了大量的文獻。我們現在要談的是，作為耶穌這個特殊性的一項關鍵特徵，性別變得非常突出。這就引出了一系列新問題，以及一系列有關耶穌及其重要性的互相衝突的新解釋。

公元一世紀到二十世紀

我們在第一章討論過，最近幾個世紀全球轉型的步伐、程度及其多面性。現代性在前現代和我們自身

圖6　神聖之家。絲絹畫。

之間創造了一條鴻溝，所以我們越來越難想像，公元一世紀的人怎麼可能與今天的生活息息相關。這位飄泊的加利利猶太人之怪異，以及有關他的故事，很容易遮蔽他對象我們這樣在如此不同的世界裏生活的重要意義。這條明顯的鴻溝，是所謂「解釋學分歧」(hermeneutical gap)的術語，表明在如此不同的情況下真正理解和解釋意義的難度，那麼，神學對此有甚麼回應呢？我們在第8章還會論及這些內容，但在這裏至少應該歸納出主要的神學運動，其中每一種都會引起一系列的論辯和衝突。

第一，我們已經說明了基督教信仰的基本回應：人們相信，耶穌並不要被限制在公元一世紀，而是要一個個世紀存活下去，以多種方式不斷地傳播。這就導致了即興地創造《新約》的肖像，導致了要把耶穌和新情境聯繫起來的各種發明，諸如黑人耶穌的形象，或者以現代化身(embodiment)解釋「隱姓埋名的耶穌基督」。佩利康所列的耶穌形象只是一個選集，表明了一種信仰的可能性，即相信它的創教者實際上就是《新約》所證實的那同一個人，相信他也參與在行進中的關係裏：耶穌拉比(Rabbi，猶太教牧師)、歷史轉折點、異教徒之光、諸王之王、宇宙基督(Cosmic Christ)、人的兒子、真實的形象、被釘死在十字架上的基督、統治世界的僧侶、靈魂的新郎、神和人世楷模、宇宙人、永恒之鏡、和平王子、常識的教師、精神的詩人、自由者、屬於塵世的人。

第二，佩利康輕鬆地穿越了諸世紀，提醒我們嚴格地說並沒有「鴻溝」：在過去兩千年的每一點上，人們試圖解釋和追隨耶穌。在二十世紀以前其他的時間和地點，似乎有過鴻溝——在猶太教和異教徒的耶穌之間，或者在天主教和新教的耶穌之間。每一次主要的文化或文明轉移，譬如，遷移到凱爾特(Celtic)國家、日爾曼(Germanic)部落、印度、日本、中國、南美洲、非洲等等，都會引發相似的問題。從這個角度看，西方現代性的影響確實非常巨大，但它所提出的問題並不完全是沒有先例的。基督教被看作是一種信仰，在新的背景下一再地重新解釋創教者，在這些背景下尋找靈感，去發現形容耶穌的新方法。所以，大屠殺和二十世紀的性別革命(gender revolution)，激發了把耶穌解釋為猶太人和男性這些深有影響的方法。但是，這些肖像和諸世紀以來其他的肖像總是處在對話之中。

第三，在前現代和現代之間顯著的不持續性的論據，正像第一章所說的，在第二個千年之際似乎不太有說服力。現代的綜合優勢，如果對於此前所有的東西少一點證據，那麼，對於前現代聲音就有少一點偏見而多一點關注的可能性。在常識的層面上，諸如面對生活、死亡、人慾和行為、身體(physicality)和基因的影響、教育、家庭、政治以及語境的其他因素，顯然是有持續性的。當然，所有這些是部份的「社會構成」(social constructions)，但從原則上說，聯繫公元一世紀的人，並不比聯繫今日世界不同地方甚或是同一社會的不同地區具有更大的困難。

最後，我們回到最初在第二章討論過的、在本章前面部份再次提到的五種類型。涉及到耶穌時，它們基本上是關注他怎樣與當前的世界觀和理解框架相關。它們講述解釋學分歧的主要課程是，困難只是部份地有關公元一世紀的位格與今天相關的可能性：耶穌顯然能以許多方式與數以百萬計的世人相關。當然，主要的決定將是神學的：在一種特定的世界觀和生活方式裏，這一位格扮演了甚麼角色？這總是有關耶穌最有爭議的(難免也是神學的)問題。

第七章
拯救的範圍與強度

Salvation（拯救）這個詞的詞根意思是健康。這裏有一個指稱的適用範圍，因為健康可以指身體的、社會的、政治的、經濟的、環境的、思想的、精神的和道德的。這些向度沒有與主要的宗教傳統所理解的拯救無關的。它們在最大的語境裏關心生活的整體，特別是在這個範圍內關心人類的繁榮。除了拯救以外，這方面還有許多不同的關鍵詞：救贖（redemption）、神性統一（union with the divine）、自由（freedom）或解放（liberation）、啟蒙（enlightenment）、和平（peace）、幸福（bliss）等等。我使用salvation這個詞，是因為它的詞根意思具有這樣一種優點：它比大多數詞語的適用範圍更廣。

由於這麼多的向度，拯救成為大多數關鍵的神學問題交匯的話題，因此亦是我們終結這一系列神學考察的理想地方。但是正因為所有這些向度，我們對它就特別難以把握。所有這些同時涉及自我（self）、上帝（God）和塵世（world），大多數傳統聲稱，真正理解拯救需要經歷位格的轉型（personal transformation）。在前幾章裏，我們已經遇到了這樣的兩難困境，但在這裏問題可能最為尖鋭。

如果宗教研究能説明，在特定的傳統裏拯救究竟意味着甚麼，那麼，宗教研究在此是相當有用的。現象學的描述，盡量懸置觀察者的承諾，然後探究拯救在基督教、佛教、伊斯蘭教或其他傳統裏的意義。這種方法可能有助於我們想像、理解個體生命經受這些傳統型塑之後所呈現的樣態。如果人類學家介入被研究的社群，呆上幾十年的話，那麼，好的社會人類學亦能做到。這些還能通過其他的學術和科學研究加以補充。但是，所有這些，無論是單個的還是合起來，都不可能取代神學思想，在這些傳統裏面或傳統之間，神學對拯救展開關鍵的討論，它所追求的不僅僅是意義的問題，而且也是真理、美、實踐的問題(就像在第二章裏概論的)。好的神學要想公正地對待上述所有的研究，這就要不斷地突破它們自己的界限，把它們聯結起來，探索這些不被大家視為專業的問題。

在這一章裏，我想用兩種方法探索拯救神學。第一，遵循本書的策略，這裏主要探討基督教的拯救。這會使我們有機會介紹所謂「系統神學」(systematic theology)，亦可適當地描述「強化的歷程」(journeys of intensification)。第二，作為神學的話題，我根據許多傳統提出有關各種拯救的問題。

基督教拯救

這是在基督教裏非常醒目的事實：在它的主流形式裏，從沒有正式定義過任何一種拯救論。拯救伴隨着各種多元的進路。這裏有兩方面的基本原因：一方面，它承認人類生活的複雜性，以及生活被破壞、誤解、治療、更新的方式的複雜性；另一方面，它讚美上帝活動的遠為豐富的複雜性、自由度和新奇感。

在《聖經》裏，可以多種方式表達這種兩方面的豐富性，而在教會的不同傳統裏產生和發展了這些方式。由於拯救具有強烈的實踐的向度，意味着要不斷地適應不同的語境和文化，這種無法歸約的豐富性就會有所增益。

此外，作為大多數神學問題交匯的一個話題，我們還應把拯救的範圍(scope)和拯救的強度(intensity)聯繫起來。因此要公正地對待拯救，就變得出奇的困難：當你冷靜地考察許多問題及其含義時，你很可能會感到失去了其中的強度；而當你投入這種強度時，又很可能失去了洞察力，似乎降低了其他方面的強度。追蹤每種方式所牽涉的東西，這種導讀性的練習是很有用的：一方面是練習系統的概觀和聯結，另一方面是進行生動而又集中的強度訓練。以下兩節就是這兩方面的嘗試。

拯救的神學生態學

任何一個主要的話題，都會牽涉到大多數其他的話題，這在神學裏是一個常識。因此，掌握任何一個問題，都要追問它與整個教義是怎樣關聯的，神學家對此早已養成了習慣。這好像是保持良好平衡的生態學：一個生態龕的主要變化很可能會產生通盤的影響。前幾章已經就此作了描述，但拯救首先是要提倡這種進路。因為每種教義都與拯救相關，所以它是最好的話題，可以用來介紹各種教義之間的內在聯結，這些教義冠以不同的名稱，系統神學(systematic theology)、教條神學(dogmatic theology)、教義神學(doctrinal theology)或結構神學(constructive theology)。我不想展開其中任何一種教義，這將是非常浮泛、濃縮的敍述。但是，我想提出一些問題，表明它們之間是怎樣聯結的。

「上帝拯救」是基督教關於拯救的基本陳述。上帝的性格(character)和主動性是拯救這個觀念的核心。關於上帝的神學討論，因此總是圍繞着拯救。其主要問題就是主導第三章的問題：上帝是三位一體的嗎？如果上帝與此不同，那麼，拯救與大多數基督徒所假定的內容亦不相同。正如前一章所說的，這與耶穌基督的位格的意義密切相關；正如第四、五章所說的，亦與上帝參與通過聖靈回應上帝的方式密切相關，與神人的自由關係密切相關。幾百年來最有爭議的問題之一，就是關於所謂的「預定論」(predestination)。對像奧古斯丁、阿奎那和加爾文這樣的神學家來說，如此全能、全知的上帝不能預先決定最終誰能或不能獲救，這是不可想像的。對許多其他的神學家來說，預定論與耶穌基督所昭示的上帝性格不相容，有些預定是要遭受詛咒的，因為人類必須要有一種真正自由地接受或拒絕上帝的可能性。而對其他的神學家來說，上帝「拯救的意志」(salvific will)是要拯救所有的世人和整體的創造，很難想像有人最終會拒絕這樣一位耐心而又慈愛的上帝，從而導致了一種「普世拯救」(universal salvation)的教義。全部的論據就圍繞着我們如何理解上帝。

第二個基本教義是關於創造。如果創造是經過上帝的，而且是好的，那麼，拯救的教義就需要公正地對待整體的人的位格，包括身體、性和創造。位格性(personhood)的描述總是千差萬別的，譬如，我們如何解釋人類的「上帝形象」，如何把人類意志與智力、慾望和想像力聯繫起來。關於拯救的思想，也需要說明整個的自然界與宇宙、它在各種科學方面的知識，以及對它的審美判斷。創造也和天命(providence)密切相關，我們是怎樣想像上帝參與正在進行之中的創造，以致於在進化和人類歷史裏辨別出「能拯救的上帝」，包括人類在文化、城市、技術和其他自然界變化所形成的「亞創造」(secondary creation)。

這就輪到了要引入前一章所處理的罪惡問題。所有的拯救論必然要提供有關罪惡的敍述，説明怎樣處理罪惡，傳統上把這個問題放在天命和罪的教義裏面。這裏出現的關鍵問題包括：死或罪是人類的主要罪惡嗎？罪在多大程度上要被看成是人類的責任？「原罪」(original sin)怎麼會被看作是所有人與生俱來的狀態？「結構的罪」，或者其他超人格或無人格的(毀壞個體與群體的)罪惡的動力，究竟是怎麼回事？清楚地回答這些問題，會有助於我們勾勒有關拯救的敍述。

但是，我們對惡與罪的理解，是怎樣受到拯救論的型塑呢？發現這一點其實很重要。拯救集中了太多的問題，其內容過多地受到單獨敍述惡與罪的支配，二十世紀的神學堅持認為，這種敍述拯救的方法有其危險性。另一種方法則是把有關惡與罪的描述和積極的教義緊密相聯。所以，譬如認為，人類變壞的標準就由耶穌基督掌握，他被理解為完全是「上帝的形象」的好人；或者認為，只有在信仰、希望和愛的觀照下，人們才能真正理解絕望，理解信任的失敗，理解對上帝和他人喪失信心。

我們在這一節裏不得不不止一次地提到下一個有關耶穌基督的關鍵教義，因為在討論上帝、創造和罪惡時，他是其中的一部份。第六章歸納了古典基督論的爭論，其中，關於拯救的爭論，和關於上帝性質以及基督位格的一樣多。因為始終貫徹了「耶穌是救世主」這個假設，所以，有關他的討論總是與拯救神學密不可分。重點主要落在哪裏，是他的榜樣、他的教化、他的死亡、他的復活、他的給予聖靈，還是他與聖父、聖靈的統一？主流的基督教神學想證實所有這些內容，但其重點亦有巨大的搖擺幅度。主要的焦點，特別在西方基督教裏，則是落在耶穌之死，它被視為「贖罪」、「補贖」、「救贖」、「代過」或「犧牲」，簡單地說，就是「拯救」。被釘死在十字架上，是集聚強度的位置，首先是實現了基督教拯救神學裏最獨特的東西——這將在下一節再談。

接着是拯救的團體的向度。耶穌召集了十二個門徒，象徵他自己的民族以色列。他所傳播的拯救基本上是社會性的，與「上帝之國」的降臨密不可分。這個王國首先被表徵為節日或聚會，耶穌實踐他的同桌之誼(table fellowship)，這是他神職工作的重要組成部份。以色列的盟約傳統——上帝與帶有自身社群生活鮮明印記的以色列之間的協議——受到了基督教教會的改造，早期的基督徒把他們自己理解為上帝的子民。沒有這個社群的向度，他們決難想像拯救。他們的文學因此充斥了這方面的想像，諸如基督的肉身、教友、家政、聖殿、收養與子道(sonship)、藤蔓與枝條，以及城市。要成為基督徒就要受洗，就是與基督的統一，也就必然成為教會成員。這種認同最鮮明地

圖7　復活：格拉斯哥港(Port Glasgow)，斯賓塞(Sir Stanley Spencer)
作於1947-1950年

表現在慶祝主的晚餐或聖餐上，基中體現了拯救的各項要素：以三位一體的形式崇拜上帝；傳佈、教授《聖經》中的上帝言論；罪的告解和寬宥；彼此代禱或為塵世祈求；堅定對教義的信仰；與耶穌基督、彼此結為同伴；禮拜的取向與塵世的使命；對上帝之國的期待；對合適的領導以及有利於所有這些內容的組織結構的需要。這意味着，教會論(ecclesiology)——講述教會的神學分支——也是內在於基督教的拯救論裏。

在教會裏，拯救個體生命的實踐，需要其他方面的教義，通常歸納在三種「神學美德」信仰、希望和愛的標題之下。為了解決拯救日常生活的含義，這些教義能導致倫理的教化和決定，於是就會打開教義的另一大領域。婚姻和家庭、政治、經濟、法律、教育和醫學，都與倫理問題密不可分，所以這些領域裏的問題不可避免地也要得到回答。我們也要思考許多其他的事情，生活是怎樣被型塑的：宴樂、齋戒、幫助窮人、祈禱的紀律、閑暇的利用、個人的職業和天賦。所以，拯救的含義還要繼續細分。

最後是關於未來。這個教義的術語是末世論(eschatology)，講述「最後的事情」，顯然屬於拯救這個概念。我們怎樣理解上帝之國(或上天之國[Kingdom of Heaven])呢？它能被理解為日常的歷史(ordinary history)或死後某些「其他的世界」？甚麼是基督徒超越死亡的希望？上帝的審判是怎麼回事？天堂和地獄是怎麼回事？絕大多數早期基督徒，似乎期望歷史很快能有戲劇性的完結，但是早期也有這種變化，即把重心從日期與時間變為耶穌基督的位格，把他看成是「自始至終」的人，看成是有關歷史開端和終結的線索。這裏的基本問題，並不是甚麼時候能有這樣的完結，而是誰將成為這樣的完結者。所以，他再一次被看作是基督教拯救神學的核心。

有關拯救和其他教義的互相聯繫，這種高度精練的考察是個必要的練習，但也不過是輕描淡寫。現在應該講述拯救的強度了。

強化的歷程

「強化的歷程」(由美國神學家特蕾希 David Tracy 新創)這個短語，可以讓人想起在基督教拯救思想裏一再被發現的東西。拯救主要是處理第一章所謂的多元控制，譬如上帝、生活、死亡、罪、惡、善良、人民、責任等等。在力量(force)這個領域裏，思想需要激情和引人入勝的能力。它能運用概觀、概念整合和系統溝聯，但是，它對形象、隱喻和符號，還有更為基本的需要，因為它們能共同型塑思維、想像、慾望、情感和行動。在此，神學就只能在祈禱文、詩歌、故事、音樂和建築面前黯然失色了。不過，神學思想亦有其自身的形式，在理論、分析、注疏和論據方面，具有啟發靈感的強度。一個隱喻或形象有時能夠抓住一種拯救神學，使人經歷一次強化的歷程，達到一種除此之外永無可能企及的深度和高度。

耶穌被釘死在十字架上，這個福音故事的高潮，是基督教拯救裏核心的藝術激情。每位福音書作者以不同的方式表明它的意義。馬可福音，最短最早的一篇敍述，對這個故事及其有關的事件貢獻了最大的篇幅。顯然，復活並不是被理解為逆轉或替代被釘死在十字架上，而是要強化被釘死在十字架上的意義。

這有甚麼意義呢？福音書的基本策略，是要講述故事，而不要因為太多的老生常談使得行文拖沓。與福音書相一致的、正在進行中的基督教策略，是在施洗和聖餐時再次上演這個故事。在施洗時，一次性的入會儀軌、浸在水裏的想像，代表了對耶穌之死的認同(據說耶穌把他自己預料之中的死亡比作施洗)，候選人被標上十字架的記號。在聖餐時，需要複述這個導致耶穌死亡的主的晚餐的故事，把分享的湘包和酒認同為他那被釘死在十字架上的身體和流出的鮮血。這個故事和兩個儀式之間古老的互相聯繫的因素，處在意象序列的中心。古往今來的基督徒都想利用這些意象，去公正地對待這起事件，對他們來說，這是無可比擬的神秘、感人和重要。

被釘死在十字架上的一系列意義，可以由每個現實領域象徵這一事件來顯示出來。在自然界有黑暗與死在泥地裏的種子這些基本符號。在宗教儀式裏有犧牲和聖殿。在歷史上有走出埃及(the Exodus，以色列人隨摩西離開埃及)和流放巴比倫(the Exile，公元前597–538年猶太人被巴比倫奴役的歷史)。在法庭上有判決、懲罰和辯護。在軍事生活裏有贖金、勝利和凱旋。在日常生活裏有買賣與交換的市場隱喻、統一在婚姻裏的家庭形象、順從、父母與子女關係、奴隸的救贖、兒子被農奴殺死的地主、治療和拯救的醫學形象、一位捐軀了的朋友的肖像。所有這些並不具有同等的重要性，其中有些更有可能成為組織其他內容的主導形象。

最早也是最深刻的強化歷程之一，是由《新約．希伯來書》(*the Letter to the Hebrews*)的作者製造的。他或她就有關聖殿禮儀的意象進行即興創作，特別是把耶穌當作一位犧牲自己的高級祭司。耶穌自我犧牲的形象，也出現在《新約》其他地方。有關這方面的爭論，在想像耶穌之死時成了最為根本的方法。這個形象強有力地延續了一個又一個世紀，伴隨着對聖餐與基督教神職的犧牲式理解(sacrificial understandings)，經常還有所增強。這種情況集中在自身某些潛在的因素上面：聖殿禮儀中的犧牲式崇拜以及與因此被象徵的上帝的盟約關係；在犧牲裏面上帝的給予和昂貴的、順從的回應之間的融合；肉體與鮮血連同遭受暴力殺害的身體；實際的犧牲擁有多方面的意義，包括讚美和感謝上帝、慶祝上帝的祝福和禮物、牢記與上帝的關係、贖罪、代禱和許願；把犧牲隱喻式地運用到無私、善行、齋戒、感恩和憐憫。

近幾個世紀以來，西方現代性經常把犧牲貶視為原始的，把犧牲的意象作為過時的加以拒絕，但是，現代性的批評亦伴隨着為犧牲恢復名譽的嘗試。譬如，有些人類學家認為，對於大多數社會和許多基本關係來説，犧牲(及其相關的實踐如恩典 gift-giving 和代人受過 scapegoating)的動力是根本性的。這種情況能包容多少其他的形象：為朋友、救贖、和解、交換、順從、克服疏遠和判斷而獻身，這也是很引人注意的。

幾個世紀以來，圍繞耶穌之死，西方基督教還有其他三種主要的強化歷程。第一種是戰勝罪、死亡和邪惡的軍事符號主義，這在早期幾個世紀裏非常盛行，在宗教改革時期再度盛行。就像實際的戰爭，它有巨大的能量進行動員，調動生活的所有領域為其目標服務，清楚地認定敵人，確立作為勝利一方的信心。就像所有的旅程一樣，它也有特定的陷阱：它可能求勝心切；它有過於文學化的精神之戰的神話般圖像，以致於到處都是魔鬼般的敵人，顯得它是異常重要的。

第二種贖罪「滿足論」(satisfaction theory)，是由坎特伯雷的安瑟倫(Anselm of Canterbury, 1033–1109)所創立的。這套理論統治了以後的五百年，其影響則更為深遠。它產生於封建主義制度在中世紀歐洲成為佔支配地位的政治、經濟和社會結構的時候。它與封建等級制(feudal hierarchy)內要求忠誠和榮譽的動力息息相關，把耶穌之死看作只有兼具神性和人性的人才能遇上，認為在上帝面前的無秩序和不名譽是由於對罪的不順從引起的。這裏的基本意象是，以個人對名譽和順從的責任，有力地統一了政治、經濟和社會；耶穌自願地順從死亡，是個關鍵事件，以其對處於核心地位的上帝的順從與崇拜，使整個制度得以恢復。

第三種方法是處在十六世紀宗教改革核心的想像：在上帝面前為現實辯護，這是取自法庭的形象。馬丁・路德有一種強烈的以十字架為中心的神學，明確地把上帝認同為被釘死在十字架上的耶穌，由他替代那些理應在上帝面前遭受責難的人。信仰這位上帝，既是接受一份寬宥，又是一次治療，能使信仰者正直地、充滿信心地站在上帝面前而不必遭受責難。這種通過信仰獲取自由的教義，釋放了巨大的能量。在此之前可能從來沒有一個主要的基督教運動，如此簡單地把拯救概念集中在一個條目上，即路德宗(the Lutherans)所說的「因信稱義」(justification by faith alone)。其他的新教教師和教會對它的含義持有不同的說法，但是因信稱義仍然是富有特色的強化歷程。

這些「歷程」以及其他許多能被追蹤的歷程，究竟發生了甚麼？它們從來不會冷靜地檢查一系列的選擇，然後試圖從中組合最好的歷程。有關拯救的事情拒絕了這樣一種不偏不倚的進路。如果把它看作是一種生活方式，而不是一種智識的操練，那麼，其高度和深度只能由那些敢於強烈地投入其中的人來發現。一個人不能經歷一個以上的歷程，其思想格局，就像生活所有的其他方面，是由這次旅行型塑的。不過，神學不得不研究和討論所有這些歷程，稱得上是有不同歷程的人相聚的場所，不會固執己見而有爭論的場所，有時甚至是他們彼此說服，改變自己的成見，歡迎新的教友，重畫自己的地圖的場所。

今天的強化歷程是怎麼回事呢？我們都還在經歷所有以往的歷程，不斷地出現重新發現或重新啟用舊方法的現象，而這些方法本來已經不用了，或者教會或群體不再延用了，已經不時興，別人也不太知道。二十世紀可能有兩大最引人注意的現象：聖靈降臨節和聖誕節運動的特別發展，當前東正教在前共產主義國家和其他地區的復興和擴張。聖靈降臨節主義(pentecostalism)的強化，是通過聖靈，在聖靈啟迪下信仰的迸發，卡里斯瑪式(charismatic)天賦、崇拜、使命、社群建設和殉教(martyrdoms)，其規模有了空前的發展，已超過了三億人口。東正教核心的、集中的拯救形象，是它的禮儀，即通過宴樂、齋戒及其教會年(Church Year)的平常日子而加以慶祝。在這些複雜的符號裹，拯救的關鍵形象是「神化」

(deification)，即通過與上帝有如婚姻一般的統一，實現人性的轉化。它主要不是「強化被釘死在十字架上」(crucifixion-intensive)，就像絕大多數西方的歷程那樣。耶穌之死特別重要，但總是被放在(一點也沒有通過偶像)道成肉身(incarnation)和三位一體的視角裏，這兩個教義最為關注上帝與人性之間的統一和適當的差異。

甚麼是二十世紀新的歷程呢？這有一個明顯的候選者：一系列的神學以各種方式把「解放」(liberation)當作他們的標語。他們的主導形象是走出埃及時那種政治—宗教的形象，當時以色列人從埃及的奴役和壓迫裏解脫出來。隨着時間的推移，也經常補充強調以色列人亡命巴比倫這個勝利色彩稍遜一些的形象。這種神學最早是由拉丁美洲人創立的，把福音以及對不公正、壓迫的分析運用到他們自己的社會。其結果是這種神學站在了不公正體制和結構的受害者的立場上，代表他們的利益。它主張，上帝是從窮人的歷史來觀察的，呼籲窮人團結起來，抵抗壓迫，突顯了旨在改變處境的「實踐」(praxis)，特別是草根社群(grass-roots communities)的聯合行動。

同樣是強調受害者的團結及其激進的實踐，拉丁美洲解放神學，和其他邊緣化的、受壓迫的群體的神學交相輝映，譬如，美國和南非的黑人、印度的達利特人(Dalits)、美國和加拿大的土著美洲人、新西蘭的毛利人(Maoris)、全世界的婦女。其中，女性神學(feminist theologies)可能是最有說服力的，發展出許多不同於「解放」模式的方面。

還有一個最當代的拯救的強化歷程值得記錄，儘管有點難以歸納，或認同為一種運動。有些女性神學的類型作了很好的例證，因為它們想真實地保留「解放」這個重點，但要更加深入位格轉型的問題。心理學、心理療法、心理分析、藝術和漫長的精神傳統(traditions of spirituality)，就會發人深思：如何型塑相關的位格(persons)？這條進路上的各種變體，可能要比當前在西方中產階級基督徒況流行的神學更有說服力。

多種強度之間的思想

我描述了自以為與基督教拯救神學有關的兩個必要的運動，既要盡可能系統地思考，又要公正地對待每一個歷程裏生存的強度(existential intensity)。如何把兩者糅和起來呢？這裏沒有一定的程式。其實，各種不同的歷程，其特色鮮明的地方是，它們選擇了不同的做法。我們應當拒絕外在的、形式上的分析和系統化，我所歸納的拯救神學的方法並不是要取悅許多的人。不過，我認為，經歷一種歷程的人很少發現：他們無法學會參與其他的歷程，卻又要積極地嘗試盡量系統地理解它們。當這種學習成為日常事務的一部份時，神學就會興旺發達，理想的情況就是出現新的思想，譬如出現綜合所有傳統的大思想家。本章最後一節，現在就要把這個原則推展到基督教之外的其他拯救方法。

許多拯救

我已在基督教範圍內描述了拯救，旨在表明不可能有任何一種公認的概觀。我們一旦離開基督教，去思考其他的拯救(或者其他任何可比的術語)方法，那麼，結論就很明顯：這裏存在一種混和的不可能性。不過，就像基督教的拯救神學，這並不意味着，嘗試系統地理解是無意義的——只是這種做法相當困難，常要陷入混亂，所以，必須經常要消息靈通，以多種現行的拯救的強度，保持適當的謙虛。

和前幾節一樣，我要追蹤這裏所表現的理想，就要找出滿足甚麼需要，才能在基督教以及像在佛教裏展開有價值的有關拯救的神學活動。基本的需要，是對話參與者不僅能公正地對待基督教裏面一系列的概觀和生存的強度，而且也能公正地對待佛教裏的這些東西。我們很難想像，對話的參與者在這些傳統裏面具有同等的能力，所以，雙方通常需要大量的交互式教育。在這一章和前幾章裏，我概述了熟悉基督教神學所涉及的入門知識。我已經證實，這至少像一門語言及其相關文化一樣複雜，這也是為甚麼要我同時介紹多種傳統的神學而我會那麼勉強的原因。這種勉強，我想，大家在讀了下面幾小段以後就會有所體會。這些段落講了佛教方面最少要具備哪些知識，並對比較佛教與基督教的難度作出了一系列的評注。

佛教和基督教的拯救：比較神學的四項要求

我把關大眠(Damien Keown)的優秀著作《佛學》(*Buddhism: A Very Short Introduction*)當作向導，該書同列為這套叢書的一冊。他表示，即便是佛教專業的學生，在描述和整理佛教時亦會遇上巨大的困難。他用時期、地域、傳統、學派、宗派這些術語，強調了內在的多元論，説明了佛教如何規避了諸如「宗教」、「哲學」、「生活方式」、「倫理模式」等許多範疇。在與基督教比較時，甚至「上帝」或「神聖」這些概念都沒有太大的幫助，因為從基督教的意義上説，佛教不是一種有神論。通過上文呈現的基督教神學的概觀，創造、天意、罪、耶穌基督、教會、末世論，所有這些基督教教義都會遇上類似的困難。這裏可能有一些明顯的聯結點，但是，這些聯結點顯然經常是有欺騙性的：耶穌基督在基督教裏所扮演的角色和佛陀(Buddha)在佛教裏是很不相同的；崇拜、祈禱、沉思很難在這兩種宗教之間進行比較，因為它們的意義和實踐是如此的不同；診斷在世界和人類生存裏何者是錯誤的，彼此有其相通之處，但也有完全不同的地方；那些型塑佛教思想的主要經文及其解釋和運用的傳統，處在遠離《聖經》、基督教神學和哲學

圖8　文殊師利菩薩，摘自1990年西藏藝術年曆

的世界裏(許多佛教經文還沒有被譯成西方語言)。這不是一種絕望的意見，只是評價這項工作複雜性的尺度，至少要求一些技能以及掌握一門語言和文化的長遠規劃。

聯繫到拯救(佛教徒可能是説涅槃 Nirvana，這個術語並沒有基督教的對應詞)，困難就變得最為突出。第一是佛教言之成理的現實框架：宇宙的概念是幾十億年進化、倒退循環的世界體系，其中有六道輪回(six realms of rebirth)，眾生根據各自的業力(karma，指眾生所做的善行或惡行)，在六道裏面生死流轉。其次是四聖諦(the Four Noble Truths)，即苦諦(suffering)、集諦(arising)、滅諦(cessation)和八正道(the Eightfold Path，指正見、正思惟、正語、正業、正命、正精進、正念、正定)。沉思的要求，可能是任何外在的比較都很難想像的。一種經典的模式是，通過沉思或禪定(jhana)的八個層次不斷精進，佛陀用另一種形式的「觀想」(vipassana)加以補充。在此，我們發現了一種位格轉型的模式(甚至可以質疑自我的實在性)，很難説還有甚麼有價值的東西不需要經過這種轉型。這種「強化的歷程」，最終在覺悟(enlightenment)時臻於極致，超越了還沒有覺悟者的語言所能表達的任何意義。

我們當然想舉出佛教裏面倫理色彩很濃的方面，集中到那些容易達到的核心問題上。但是，對佛教的主要形式而言，這是不真實的，就好比在基督教裏集中在沒有上帝的基督教倫理學。聯繫任何一種傳統，並沒有甚麼捷徑。每一種傳統都是一個複雜的生態學，依靠解釋複雜的經文這種漫長的傳統加以維繫，來延續轉變參與者的實踐。每一種傳統包括了一個「強化歷程」的家族，以及各種描述它們自己的相關方法。

在它們之間，神學活動的理想形式是甚麼呢？

第一項要求已經講過了：對話參與者要公正地對待基督教和佛教雙方的一系列概觀和強度。

第二項要求是各自都要完成一種神學倫理學，這是起源於它們自己傳統深處的活動。佛教、基督教各有其從事對話的原因，但是它們不一定是一樣的。同理，評價自己傳統以外的東西，有關日常事務及其處理方法，佛教徒和基督徒各有他們自己的方法。

第三項要求是要和那些超越基督教和佛教的功臣關係融洽。在神學和宗教研究裏，學會如何包容這個領域裏置身於被研究的傳統裏的人和沒有置身其間的人，這是一件很敏感的事情。這種努力受到了那種宣稱優越性的蠱惑。參與者宣稱內在的知識，至於拯救，這就能包括，譬如，經過幾十年實踐佛教倫理和沉思以後對現實的感覺。「局外人」宣稱更少的偏見，或者更為中立和「客觀」。擺脱這個兩難困境的最好方法，可能是要看到：就從根本上型塑拯救所關心的生活而言，確實沒有「局外人」這個範疇。每個人事實上都是按照一定的倫理標準生活，以特定的方法感受現實。因此，佛教和基督教之外的問題，與佛教和基督教之間的問題類似：就他們自己的生活方式而言，所有的都是局內人。拒絕對不同的拯救方法進行神學討論，這些人就是拒絕自己的人，相當於宣稱他們不向其他人學習或教育其他人。

第四項要求就是要嘗試：進行多邊的交談，實際的合作，其他交叉性的學習方式，並且觀察這樣做所導致的結果。即便是很不充份地實現了其他的三項要求，這也值得我們繼續做。在大量有關宗教之間關係的壞消息裏面，我們這個時代富有希望的信號之一，就是有許多人、社群、機構正在展開這項嘗試。上述要求是從參與這些發展的小方法裏提煉出來的，是從掃描正在發生的事物的成長之中的文學裏提煉出來的。

這裏湧現出來的東西，盡可能遠離了有些人想要從比較神學獲取的東西：一種有關拯救方法的消費指南，而且按照特殊的標準評價這些拯救方法。這是一種專橫的、強勢的概觀，侵犯了每個正直的參與者。除此之外的選擇，每個人都要跟從第二項要求，提供一種實踐的倫理，不要把自己的範疇加給其他人，不要指派其他的人，否則就要侵犯他們。當發生這些情況時，在任何真正的相互尊重的實踐中，其結果在各個方面都是不可預料的：它在彼此的互動中，小規模地創造已有千年悠久歷史的拯救方法的下一個台階。

神學和宗教研究這個領域，對於拯救方法的研究以及方法之間的相互尊重，有甚麼貢獻呢？我把這個領域描述成要對學院、宗教社群和社會負有責任，在本章所描述的拯救領域裏，這些要求可能是最主要的。拯救的範圍及其多種強度，針對當代世界裏真理、美和實踐的迫切問題，要求甚至逼迫學術的參與，要求通過一系列學科研究宗教的意義與現象。同理，拯救的範圍、強度和緊迫性，迫使每一個特定的傳統更深層次地參與其他的傳統。型塑這個在第二章裏概述過的領域，合理的方法是要在拯救的題目下加強本章所描述的內容的含義。我們對這一領域的開發，是要以自己的方式來共同承擔治療我們這個世界的責任。

第三部份

技能、學科和方法

第八章
撫今追昔：文本與歷史

如果你想做好神學研究，哪些技能和思考方法會有助於你呢？前兩部份界定了這個領域，並且做了一些探索。探索的目的，是要品味神學家的神學思考方式。但是，甚麼東西能夠滋養這種思考呢？如果你是第一次進入這個領域，你應該從哪裏開始呢？

這一部份提出了神學入門所要學習的東西。本章考察技能，把它分成密切相關的兩類：閱讀、解釋和運用文本；通過歷史研究進入過去。下一章介紹在神學裏出現的理解(understanding)、認知(knowing)和決定(deciding)的方法，以及初學者怎樣才能熟悉這些方法。這兩章也是密切相關的，因為神學理解、認知和決定相當一部份取決於文本與歷史。

神學文本

「文本」(text)是書面文字的匯集。它可以是一個句子、一首詩、一本書、一封信、一篇祈禱文、一張清單。文本對於善惡具有巨大的力量，在形成社群、境況和個體生命時扮演了關鍵的角色。努力學會怎樣盡可能好地掌握神學文本，這種迫切性由於需要大量使用神學文本而有所加強。鮑克爾(John Bowker)把這一點和一種誤解經文的常見形式聯繫起來，這種形式把一個文本(可以指一個詩節或句子)脫離它的歷史和文獻的上下文語境，它的語詞似乎包含了絕對的真理，但與時間、地點、人物無關：

儘管歷史和個性，對於經文的語詞和內容沒有甚麼重要的改變，但是在基督教史上，處理經文的後果是非常驚人的。通過把文本從它的上下文語境裏截取出來，處理成沒有時間性的真理，基督徒宣稱屠殺猶太人有經文的保證(馬太27：25)；通過截取文本，基督徒發現了焚燒被當作巫婆的婦女的保證(出埃及記22：18)；通過截取文本，基督徒證明了奴隸制和種族隔離制(創世紀9：25)；通過截取文本，基督徒證明了迫害同性戀者的正當性(利未記 20：13)；通過截取文本(創世紀3：16)，基督徒發現了婦女從屬於男人的保證，以致於她們被認為是「嬰孩一族」，不能管理她們自己的身體、財物或生活。(約翰・鮑克爾：《生活之年》*A Year to Live*)

面對這些例子，以及其他一些能夠開啟改善生活之真理的文本，初學者怎樣進入神學文本呢？

保持語詞的組合

我假設，你是神學的初學者，已經學會了用你的

圖9　希臘文《聖經》西奈山抄本(The Codex Sinaiticus)，經英國圖書館(The British Library)的許可

母語閱讀。如果這樣，那麼，好消息就是，許多基本的原則只是一件澄清的工作，弄清你通過常識已經知道了的東西。其中最基本的原則是，正如尼古拉什·賴希所說，語詞通常在「它們所保持的組合」裏有其意義。(賴希：《信仰一位上帝的三種方法》*Believing Three Ways in One God* I 2)

就許多語詞而言，這是十分顯然的事情——如果沒有進一步的指稱，「he」(他)、「to」(至)、「of」(的)這些詞的意義是甚麼呢？「on」(上)這個詞，根據它是保持英語的組合還是法語的組合，就有不同的意義。如果它是被用在神學裏或是在一頂新帽子的圖案下面，Creation(創造)這個詞就有不同的意義。你通常至少需要一個句子，才能出現有價值的意義單位。但是，根據句子所在的段落的意思，這個句子就能表示不同的事情，段落在章節的上下文語境裏，章節在一本書的上下文語境裏，道理也是一樣的。

就某本書而言，如果你認為是一部小說而不是一本傳記或歷史時，你對它就會有非常不同的理解。這就是所謂「體裁」(genre)的問題，神學裏存在大量的爭論，譬如，關於《創世紀》的開頭是不是歷史、科學陳述、祈禱文、神話、英雄故事或者其他甚麼東西。一本書亦能有各種形式的組合——叢書的一卷、對另一本書的回應、或者是《聖經》的一部份。《聖經》或者「聖典」(canon of scripture)所包含的東西，影響到閱讀其中每一本書的方式。非常明顯的例子就是《雅歌》(*the Song of Songs* 或 *Song of Solomon*)，這是一部偉大的愛的詩篇。但是，如果猶太人以及後來的基督徒並不認為，它也指稱了上帝與他的子民、與他信徒的心靈的關係，那麼它也決不會被收進《聖經》。聖典的組合，對於基督徒所謂《舊約》和《新約》的關係，也是相當關鍵的：它們是怎樣被用來互相解釋的？我們已經討論過(第六章)，《新約》四部不同的福音這個事實，怎樣影響到人們對其中任何一部福音的理解。

這些在聖典裏的書(這部經典的結集，對猶太人和基督徒來說，是一個漫長的過程，其中涉及到許多爭論，也不斷地重新引發一些問題)，當它們出現在不同的組合裏時，就會有不同的理解。它們在崇拜中扮演了各種角色，這些材料涉及到許多在讚美詩裏出現的特殊日期和禮拜(services)或者《聖經》的上帝形象。解釋的傳統，培育和發展了它們自己的原則，最為持久的一種是發現文本裏不同的「層次」或「意義」。譬如，以色列走出埃及的文字記載，被當作是指稱了「走出埃及」這起拯救歷史的事件；同時，它也可以寓言式地指稱其他的拯救事件(對基督徒而言，最重要的是通過耶穌的拯救)；它能指稱最終完成天堂或上帝之國的拯救；它能被看作是象徵從罪轉變為美德的道德形象。新的運動也在興起，強調特定的文本、教化或實踐，由此來解釋《聖經》裏每一件其他的事情。上一章提到了宗教改革集中在保羅「因信稱義」這個觀念所產生的巨大影響，也提到了聖靈降臨節對聖靈角色的強調。

同樣，大事件導致新的閱讀——有關「猶太人」的陳述在大屠殺之後產生了新的反響。

所以，衍生出來的聖經解釋源源不斷，諸如「創造」或「上帝」這些語詞的組合是沒有限制的。努力決定在特定的時間在特定句子或書本裏語詞的意義，這是很重要的，但是不太可能圈定它們更深一層的意義。古典文本的意義溢出它們最初的上下文語境，這被哲學家利科(Paul Ricoeur)稱為意義的「剩餘」(excess)或「多餘」(superabundance)，所以會有一系列無窮無盡的新鮮解釋與注疏(commentary)。這些經文不斷地應用在一個又一個世紀新的境況裏，它們的重要性，從沒有被嚴格限制在對應於它們寫作之時的語境裏。

注疏是初學者接觸主要文本的基本工具。如果涉及到一部聖典的話，好的注疏就會向讀者介紹它自己時代的語境及其解釋的漫長歷史。用我的術語說，這種注疏盡可能精細地考證這本書及其組成部份的語詞所保持的組合。為了做到這些，就要引入許多學科：希臘語或希伯來語研究，其他古代近東(Near Easten)或希臘(Hellenistic)文學的比較，考古發現，歷史研究，等等。

所有這些涉及許多複雜的學問，但其基本點是清楚明的的：以好的注疏開始研究文本的初學者，應該學會發現意義的技能，通過在語詞、句子、段落、章節、書本、體裁、上下文語境、解釋傳統、神學之間找到重要的聯結。這些技能需要終生磨礪，獲取它們的唯一方法，是要向掌握這些技能的人學習，自己還要不斷地練習。令人沮喪的是，許多注疏對它們所定義的文本的意義劃定了非常嚴格的限制，甚至找不到它的「剩餘」。這就給注疏和文本解釋一個壞名聲。但是，我們偶爾也能找到寶石，找到一本注疏能把頂級的學問和這個文本所引發的豐富的欣賞性結合起來。這不僅要處理文本之後和文本之內的東西，而且還有文本之前、文本之先的東西，所以，這種聯結活動能產生新的意義。其中最好的可能是，足夠嚴肅地對待作者之於上帝的熱情，使得上帝在文本裏的參與成為解明意義的引導型和變革型的鑰匙。我清楚地記得，在我最初讀到凱斯曼(Ernst Kaesemann)注釋《羅馬書》(*the Letter to the Romans*)時我所體會到的那份專注、愉悅和挑戰。

你必須要用原文閱讀嗎？

我略過了任何初學者都要遇到的一個關鍵問題：你要用原文閱讀《聖經》以及其他材料嗎？其實我們早就應該面對這個問題了，因為學好一門語言是一個很長的過程，需要足夠的動力和決心。如果我們考察世界各地大學裏的神學和宗教學課程，有些運動就不再要求每位學生至少學會一門經文語言，譬如阿拉伯語、希臘語、希伯來語、巴利語或梵語。每一種語言和它自己的傳統聯繫起來，其重要性是有變化的。譬如，對穆斯林來說，要是有人宣稱不懂阿拉伯語就能講授《古蘭經》，這簡直不可思議。但在基督教中間，在很長一段歷史時期內，在世界各地的各個社群裏很少有人懂希臘語或希伯來語，今天許多基督教神職人員培訓課程也不要求學習這兩門語言。在許多大學的課程裏，專注於高級的經文研究，就有要求掌握一門或多門語言的傾向，但並不常常發生這樣的情況，除非學生完成了他們的第一學位。

然而，毫無疑問，理想的基督教研究是要學會希臘語和希伯來語(至少是拉丁語，許多其他非經文語言也是有用的)，有些大學和教會堅持至少要求一門，有時二門都作要求。在討論這種期待有多少真實性之前，我們有必要説這麼做會有甚麼收益。我以自己與一位同事合作撰寫一部有關保羅《哥林多後書》的著作* 的經驗，來證實這種情況。

我們決定從這封書信的各種方面入手寫作：它的體裁、目的、七十子譯本聖經(Septuagint，保羅所用的希臘文版希伯來經文)、(各種標題下的)意義、歷史背景、社會環境、神學和真理。在每一點上，我們發現自己都面臨着有關翻譯的問題，這是令人着迷的。這使我們一起致力於我們自己的翻譯，在這樣做的過程中，這封書信裏許多大問題就變得清楚了。翻譯的

* Frances M. Young and David F. Ford, *Meaning and Truth in 2 Corinthians* (SPCK, London 1987)

原則，本身就是參與文本的創造性活動。盡量用英語表達我們所理解的希臘文的意思，這是開啟其中各種向度、觀察有關希臘文的解釋問題行之有效的方法。這些問題是甚麼呢？

第一，一個希臘詞通常並不能傳達一個英文詞相同的意思。所以，我們必須嘗試各種可能的翻譯，發現同一個希臘詞在其他地方是怎樣被使用的，為了確定一個準確的英文詞或短語，擴展地閱讀上下文語境。希臘文和英語具有不同的結構和語法，但在翻譯處理上應有相似之處。

第二，我們更加意識到保羅的語言的反響，這種語言和上下文語境、思想方法聯結在一起，而這些語境和方法在現代英語裏並沒有明顯的對應。他運用了年輕的教會網絡「成組的」(in-group)語言，提及我們只能猜測的情況和爭論，因為他有他自己的癖性和愛好。

第三，細緻地解讀原文，會使我們更明白，我們的理解是怎樣受到歷代翻譯、解釋、運用和聯想的影響。我們必須要傾聽這些內容，必須尊重它們，決不能忘記它們，但是它們也必須盡可能通過希臘原文的校訂，受到檢驗和比較。這種校訂可以自由地運用許多方法，有助於我們對有關保羅的整體意義的的假設和觀念擁有新的視角。隨着時間的流逝，關鍵的神學見解發端於翻譯的釋疑。

在每一處翻譯裏，我們在確定英文詞時，只是意識到要被拒絕的許多選擇。不過，我們至少還帶出這些選擇的知識，對文本意義和真理的判斷，我們能用並沒有出現在翻譯裏的東西來傳達。

有了這個經驗，我的結論是懂希臘語的好處基本上有兩個方面。第一，前一節所說的通過語詞組合來了解語詞，這是非常重要的例證。保羅的希臘語詞，和其他的希臘語詞、用希臘語說話寫作的整個語言和文化世界保持着聯繫。第二，當我們面對這樣一個漫長的、經常出現歧義的翻譯和解釋傳統時，如果你不能切近原文，那麼，要有新的解釋、相信自己的判斷，這就變得異常困難。

對於希伯來語，我們也有相似的觀點。這裏會有附加的好處，譬如能進入豐富的猶太人經文解釋的寶藏，這在很大程度上依賴於扎實的希伯來語知識。

所以，這個理想就相當清楚了：如果你想更好地挖掘神學的理解和判斷，那就盡可能徹底地學習這些語言。但是，這有多少必要性呢？

主要的不同意見有以下這些。掌握古代語言，需要耗費大量的時間和特殊技能。大多數人，在有限的時間裏，不能達到和他們平常閱讀經文的習慣不一致的高標準。大多數學生更樂意採用優秀的專家所寫的好注疏。因此，他們能解脫出來，去專注這個領域其他的方面，不必把不成比例的大段時間化在學習語言上，從而受到全面的教育。神學裏有些其他的任務，和學習、保持一種經文語言的能力同樣複雜。之後，如果他們想在需要這些語言的領域裏有所專長，就可以繼續做了。所以，結論是：這些語言是基本的，但只是許多專長之中的一種。這是一個相當好的論點，由於時間和精力有限，擔心分神的實用主義考慮，亦不會減弱它的說服力。初學者會有這種想法，如果決定不去學會至少一種經文語言，擔心失去某些東西。但是，如果他們有好的理由決定不去學習，那麼，就會有許多補救的辦法——通過注疏和其他的書面輔助，但最重要的是，在包括能用原文閱讀的同學的小組裏對文本進行活生生的解釋。

最後一點是，我關注經文語言，因為這些語言是初學者不得不要做出的最重要的決定。但是，其他語言的價值也是清楚的，特別是那些用在被研究的宗教傳統及其學術研究最多的語言。在基督教研究中，最有用的語言可能是拉丁語、英語、德語和法語。

神學解釋學

如果你第二次閱讀一本書，你經常會驚訝它似乎大不相同了。對於它的謀篇佈局、特點、最為重要的事件、整體的品質，以及許多其他方面，你可能會有相當不同的感覺。這說明了甚麼？畢竟，這確實是同一本書。

我們可以從兩個方面回答這個問題。第一，重讀表示了這本書有豐富的意義，能夠引發新的理解和解釋。第二，它表示了你已經有了變化。你可能已經受了第一次閱讀這本書的影響，所以，你在第二次會有不同的視角。可能你讀過了有關這本書、它的作者或它的時代的評論，所以，已經意識到過去和現在其他人的解釋。或許，通過開發新的解釋技能，或者主要的人生經驗，你在與閱讀這本書無關的一些方面發生了變化，但是大大地影響到你對這本書的領會。或者，如果這本書是用另一種語言寫的，你可能學過了這種語言，然後能把譯本和原文進行比較。

解釋學(hermeneutics)是一門關於解釋的藝術和理論。它的目的是要聯繫理解一個文本的兩個方面，文本的世界和讀者的世界，這種聯繫表現在重讀的經驗裏。正像最好的神學解釋學導論之一所定義的，「解釋學關心、研究兩個領域之間的關係，一方面是文本或著作的領域，另一方面是想理解它的人」*。其中每個領域都是複雜的，它們的相互作用增加了它的複雜性。

顯然，解釋學包含了本章前面部份所研究的技能：通過語詞及其組合去理解其中的意義，引發一系列的學科，諸如語言研究(或語言學)、文學研究、歷史、考古等等。但是，這種敘述並不想(除了討論是否

---

* Werner Jeanrond, *Theological Hermeneutics: Development and Significance* (Crossroad, New York 1991).

需要掌握經文語言)研究文本的領域和讀者的領域之間充滿活力的相互聯繫。不過，這裏存在明顯的大問題。譬如在你重讀一本書這個例子裏，就要限制它的複雜性：一個人第二次閱讀一本書。但是，想一想在接受許多神學文本時涉及的更多的向度：廣泛的、多元的文化背景，這種背景交叉了歷史時期、經濟和社會體制、文明和宗教；解釋的衝突，這些衝突有其深刻的歷史根基，人們有時為之獻身，並且依靠有力的解釋和教育傳統加以維繫；各個解釋者之間智力的、心理的、精神的諸多差異。這其實不足為奇，由於最近幾個世紀提升了對這種普遍的多樣性的意識，所以，在神學、哲學、歷史、文學以及所有的人文科學裏，解釋學成了發展最快的領域之一。

為了能在單純是基督教傳統的神學解釋學(其他的宗教亦有相當複雜的解釋學傳統，記住這一點也很重要)裏接受良好的教育，你就需要穿越歷史。這就要論及希臘文化在催生基督教的羅馬帝國裏的貢獻，這種文化對語言、意義、真理和交流有過相當精深的研究，亦要論及猶太人經文解釋傳統的貢獻。這兩條線索，希臘的(Hellenistic)和希伯來的(Hebraic)，是基督教最為深刻的成因(亦是西方文明興起的部份原因)，而《聖經》創作及其被解釋的方法，可以展開有關這兩條線索相互作用的引人入勝的研究。基督教史的每一個台階、《聖經》的每一種翻譯、教會的每一次文化轉軌，亦有其貢獻；還有一系列大人物，他們的解釋產生了特殊的影響。這決不僅僅是一個疊加的過程，其間亦有大量的遺忘和忽略，也有眾多的衝突。其實，觀察當代的聖經解釋者，就是一項發人深思的練習，看一看他們中間哪個時期、哪個主要的解釋者最有權威性——有人想從公元一世紀一步跳到二十世紀，不用參考中間任何環節；有人對教會的前五個或六個世紀給予特殊的權威性；有人把中世紀或宗教改革或現代看作今天最值得學習的內容。

現代，我們可能用一種不對應的方法，把注意力集中到讀者和文本之間互動的複雜性上。這就要對解釋學產生大量的理論反思。歐洲主要的發展開始於十九世紀，領頭的神學家有施萊爾馬赫(Friedrich Schleiermacher, 1768–1834)，其他關鍵的思想家包括狄爾泰(Wilhelm Dilthey, 1833–1911)、海德格爾(Martin Heidegger, 1889–1976)、布爾特曼(Rudolf Bultmann, 1884–1976)、伽達默爾(Hans–Georg Gadamer，生於1900年)、利科(Paul Ricoeur，生於1913年)和哈貝馬斯(Jürgen Habermas，生於1929年)。但是，對於初學者來說，所有這些人裏面，誰是基本的神學家？最重要的是要對關鍵的解釋學問題有敏感性。如果這些人的思想能持續地保留下來，那麼，聯繫現實中對這些觀念問題的解釋，以及對這些理論的揣磨，我們就會慢慢發展出從事最好的神學所需要的技能。

這些問題是甚麼呢？在你面對一個文本時，我以綱領的形式把它們歸納出來。

文本解釋的綱領

1. 詢問每個意義單位的相互聯繫，這些單位包括語詞、句子，乃至一段時期內文獻的總體及其在後世的接受。
2. 詢問文本的體裁，能否被當作祈禱文、寓言、歷史證據、法律、預言、讚美詩、書信、箴言、祈禱或者其他？
3. 詢問文本的作者。理解作者在多大程度上與理解文本有關，這是有爭論的。不過，努力發現作者想要說甚麼，即使這個意義並不局限在作者的意圖，最少最少也是重要的。知道有關作者的東西，特別是通過其他著作，對於發現他或她的意圖是很有幫助的。
4. 詢問文本的歷史背景，不僅包括它背後的事件，也包括它出現的條件：這個社會是怎樣運轉的，包括它的經濟體制、文化世界、社會心理等等。最大的學術活動之一，是能進入另一個時期或文化的「常識」。
5. 詢問從文本產生到現在的時期：介入解釋、說明它們的背景，我們從中能夠學到甚麼呢？
6. 詢問你自己。對於你自己的假設和預設要盡可能誠實。沒有人是中立的，每人都有一定的立場——在可能影響到你對這個文本的解釋的有關問題上，你站在哪裏？你自己的背景、特別的關懷、偏見又怎麼回事呢？你對這個文本的「興趣」是甚麼？你為甚麼會被它吸引？

7. 詢問文本的真理。有些解釋者把這個問題懸置起來，但這是武斷的：這裏有合法性問題，我們在下一章會有進一步的挖掘。首先，這裏存在文本的神學真理的問題。多少經文解釋者寫了煌煌巨帙的注疏，卻從沒有探討過它的神學真理，這多麼令人關注！
8. 詢問「可疑的」問題——既關於文本又關於你自己。這應當是所有質疑中的一部份，要留意我們犯錯或自我欺騙的眾多不同的方法。我們應對已被稱作「懷疑解釋學」(hermeneutics of suspicion)的東西抱有濃厚的興趣，它要揭示文本和解釋是怎樣進行欺騙、歪曲和壓迫的。「懷疑的大師」，諸如馬克思(Marx)、尼采(Nietzsche)、弗洛伊德(Freud)、福柯(Foucault)，引入了一個徹底懷疑的啟蒙傳統。這可能被看作是「反傳統」，關心着把人從被他們認為是不真實的、不健康的、壓迫性的傳統裏解放出來。聖經解釋亦深深地受到它的影響，即使你終止把這種懷疑追溯到這些大師，終止懷疑他們的懷疑，還是不得不要來面對這些問題。最有影響的理論家之一，利科在懷疑解釋學和懷疑懷疑論者徹底拒絕傳統的「回復解釋學」(hermeneutics of retrieval)之間，發現了持續不斷的張力。他並沒有發現有可能把兩者綜合起來，並給「回復解釋學」賦予優先權，不過，他從沒有忘記徹底懷疑的問題。
9. 詢問文本想像的、實際的含義。文本是可以轉換的，也能以豐富多樣的方法相互溝聯。除非圍繞你所閱讀的大量文本武斷地劃一條線，它會與你的意義、美、真理和行為的整體世界相互作用。你會發現你並不能公正地解釋文本：它質問並且解釋你和你的世界。這是特別真實的文本，證實上帝是想通過語言、文本和人處在一種轉換關係(transformative relationship)之中。這看似是一系列倒霉的要求，但事實上它更像一張清單，讓你去留意在現代解釋理論之前幾百年時間裏那些優秀的解釋者所做的各種事情。這也相當容易發現，如果你的興趣，譬如，主要是在特定的文本裏被證實了的上帝，那麼，有些問題就不太有關係，如地理學上的細枝末節，對你的結論也就不太可能產生大的影響。但是，另一方面會有明顯的困難，直接導致第十條，即最後一條綱領。

10. 認同你對解釋者社群的需要。到目前為止，所有的綱領都能挨個單獨解釋，仿佛一個人都能實現它們似的。事實上這個「你」是復數。語言本身不可避免地是社會性的，所以是一種解釋。其他的解釋者通過他們文本的或身體的在場不斷地和我們在一起。當然，你可以是不止一個解釋社群的成員。在基督教聖經解釋者之間最常見的聯合，是學術社群和宗教社群的聯合，儘管學術界許多人也是某一「反傳統」或世俗傳統的成員。但是，無論你效忠甚麼，如果不屬於一個或多個由你基本上信任的人(儘管在特定的事情上你可能與這些人有許多的不同)所組成的社群，那就很難想像會出現富有成果的解釋。進入這些社群的方法，通常是在一定的教育背景下，跟從有經驗的高級解釋者當徒弟。這種方法在很大程度上依賴於拜師為徒這種傳統的健康與活力。

所以，如果你嚴肅地開始學習神學，那麼還有略微更加重要的問題：我跟誰研究？我相信誰向我介紹這個領域裏最好的東西？和你的父母在一起，決不排除異議和反抗，但要出現這種情況，你首先是要有父母。在學術界，我們多了一種便利和責任，可以有一些辦法去選擇「養育」我們的人，以及成為我們最親密的「兄弟姐妹」的人。

歷史

如果歷史研究被相當簡單地定義為企圖發現人類過去所發生的東西，那麼，本章的開頭已經包括了成為一名歷史學家所需要的許多技能。這是因為，大量表示人類過去所發生的事情的證據採用文本的形式。所以，解釋文本是成為歷史學家基本的、主要的部份。歷史和解釋學相互利用，以複雜的方式部份重疊。從解釋學的角度看，在解釋文本時歷史是重要的。從歷史的立場看，文本和它們過去的解釋是過去所發生的東西的一方面。初學者怎樣進入歷史這門學科呢？

資料和故事

最好的答案是前一節所總結的：通過拜師為徒成為優秀的歷史學家。給予和索取、論點和論證是無法替代的，你要躋身優秀歷史學家之列，做好這項工作亦沒有其他方法替代。這裏值得我們簡短地描述這個學習過程所涉及的東西。

區別何謂「學術的」(academic)和「批判的」(critical)歷史，這是重要的。所有的社會有記憶過去的方法，不管是口頭還是書寫。個人也是歷史學家，盡他們所記得的，試圖找出在他們自己的經驗之外所發生的事情，講述那些引出過去的故事。這都可以被稱作「前批判的歷史」(pre-critical history)，這裏根本不是要貶低它的重要性。

但是，批判歷史(critical history)在諸多方面有所不同。批判歷史是一種合作的努力，旨在處理事實問題，判斷在一段時期內確實發生的事情。這首先是關心原始資料，包括考古以及其他研究歷史遺存的方法所得的證據，當時及以後所作的記錄，碑銘、編年史、日記、文學、藝術、法律、報紙等等，任何能夠(不過，非直接地、無意地)證實所發生的事情及其意義的事情。資料需要在它們的背景裏被理解，它們作為所發生的事情的證據，其價值還需要加以評估。

批判評價資料的過程對批判歷史是很關鍵的。諸如確定一件證據的年代這樣的事情，對於結論通常是很關鍵的。第六章給出了一個有關耶穌的例子：《新約》以外的一些福音標在甚麼年代，存在很大的分歧，耶穌在歷史上的整體形象受到了年代考證的影響。為了建構一個可靠的故事，資料的批判評價，必須要和梳理證據之間的重要關聯這種嘗試聯繫起來。歷史學家為了能在家裏佔有某個時期的「常識」，沉浸在這個時期裏，這會深刻地影響到判斷的質量。在評估原始資料時，情況與此一樣；在評估其他歷史學家的著作時，他們也想重建這一時期或這一時期的諸多方面，類似的情況也會出現。從故事的角度看，沒有唯一可能的相關敍述，既有統計學，也有其他人文科學的進路。但歷史學家之間普遍認可，除了攻擊敍事歷史(narrative history)，講述過去所發生的故事是呈現歷史結果的基本形式。

所以，初學者想要成為熟練的歷史學家，有兩件關鍵的事情：資料的批判評價，以及嘗試對發生的事情建構一個可靠的故事。

判斷的形成和決定的作出

在討論歷史時，前一章舉了耶穌史以及《新約》外傳福音書考證的例子。當然在基督教以及其他信仰裏，還有無數其他的例子，要作出在神學討論中很重要的特殊的事實判斷。

然而，有些問題就更加複雜和多方面了。回顧第一章關於前現代、現代和後現代的陳述：他們想當然地作出了許多歷史的事實判斷，但是並不具備通常被認為是專業歷史學家的才能。同樣，要想用第二章所討論的五種基督教神學類型的某一種或某幾種説明問題，就需要對歷史有發展的理解。第三章所說的故事，發展了基督教有關上帝作為三位一體的理解，在一定程度上也是在歷史中的一次練習(an exercise in history)，就像第七章考察拯救的進路。在每種情況下，學生就在現在，但也想在知識上、想像力上盡量進入過去，重大的問題是在作出判斷和決定時才會碰到。這些問題涉及到對歷史的判斷和洞察，和神學、倫理學以及其他的評價緊密相關。

除了歷史學家，還有人想在「歷史事實」(historical facts)和「價值」(values)之間作出明晰的區分。麻煩在於，價值甚至想進而決定何者是事實，這裏就有一個從「原材料」到事實判斷的大跳躍。更重要的是，人們發現，歷史越是複雜、多層面，它在今天引發的問題越是重要，維持事實—價值區分的可能性就越小。但這裏決沒有這樣的暗示：當原材料被用來適應這種或那種世界觀時，簡單地就是成見與偏見的衝突。它所指的東西是，就像在解釋學裏，歷史學家的自我是一個重要的因素。歷史學家受到經驗、背景、規範、價值和信仰的型塑。在處理歷史時，特別是在神學裏最為重要的歷史，這種型塑必然是相關的，需要盡可能清楚地表達和公開討論。

最好的解釋學者和最好的歷史學家，都能意識到這個問題。他們留意許多向度的偏見，以及他們自己的視域和預設裏無盡的意義(因此亦有無盡的討論)。

當然，我們可以向那些沒有我們的預設的人學到許多東西。在文本解釋或歷史事實和意義這些事情上，我們作出明智的、論據充份的判斷的能力，只能在與其他人多年相互討論的基礎上形成，其中許多人具有和我們相當不同的視域。我們可能會有12歲的像棋冠軍或數學、音樂天才，但是，我們很難想像，這個年紀會有世界上關於耶穌的歷史最了不起的專家。這個困難不僅僅是積累知識的時間不夠，而且，在複雜的研究以及和其他人或自己討論之後，作出成熟的判斷、得出哪怕只是聽上去真實的(如果有過！)結論，時間上也不夠。這個學習過程很可能會以許多方法改變我們。一旦問題的主體部份涉及到上帝、語言和歷史，那麼，如果我們要追蹤大問題導向的地方，就不可避免地要面對有關我們的神學視域和預設。我們怎樣解決當時出現的有關理解、知識、合理性和智慧的問題，這就要進入下一章的內容。

第九章
經驗、知識和智慧

神學應有哪一種理解和認知？這是本章的問題，我們已經以多種形式公開了這個問題。關於上帝的第三章特別關心這個問題，因為上帝的實在性問題，在神學裏是至關重要的。在第三章和其他地方，這一點都很明顯：神學的理解和認知，並沒有特徵鮮明的形式。這是因為神學提出了相當不同類型的問題。耶穌是甚麼類型的人？要想理解實在性，最為寬泛的視域或框架是甚麼呢？面向上帝、他人和創造，我們應該怎樣行動呢？我們的慾望是怎樣被型塑的？《聖經》是怎樣被解釋的？不同的宗教傳統是怎樣互相關聯的？罪惡是怎麼回事呢？回答這個那個問題，我們就能從許多學科、藝術、經驗、實踐和人類自我裏引出各種結論。上一章探討了我們通過文本能得到甚麼結論，我們怎樣去理解、認知過去。相關因素的整體生態學在上一章也是相當明顯的。

不過，生態學這個意象也暗示了：多元論和差異性並沒有說清所有的需要，其間也有互相關聯性、內在一致性，以及彼此的交流，並不否認或違背差異的統一形式。在經驗、理解和認知裏，最後的話語是關於智慧，這種智慧所關心的是型塑生活，以及在真、善、美的多樣性、破碎性(fragmentation)和脆弱性(fragility)之間成就生活的意義。

世界、自我和語言

出現在上一章的關鍵因素，概括起來就是：在理解、認知文本的意義或過去的實在性時，「所知的客體」(known object，文本及其意義世界)和「能知的主體」(knowing subject，解釋者的自我)以及語言奇特的實在性密切相關。換言之，這三個關鍵要素是世界、自我和語言，彼此存在着無窮無盡的相互作用。處理認知性質的哲學分支是所謂的認識論(epistemology)。西方在過去的三百年裏，對於認識論、對於怎樣在世界、自我和語言的彼此聯繫之中認識三者的深刻差異，曾經有過特別激烈的爭論。在下面這個三角關係圖裏，我們能發現其中的主要問題，它們出現在三角

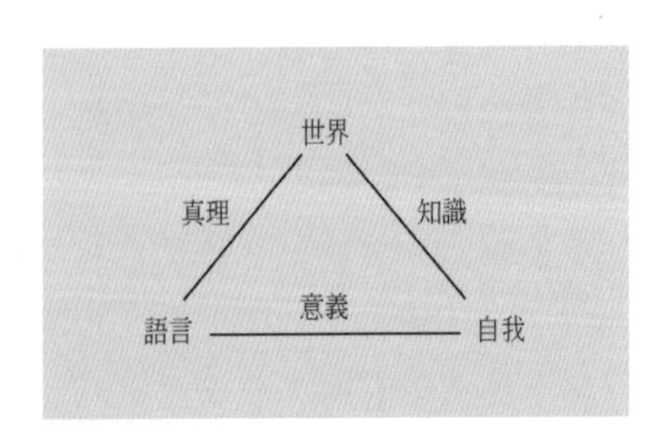

之間——在自我和世界之間的知識，在自我和語言之間的意義，在語言和世界之間的真理。

從十六世紀到十九世紀西方認識論的主要焦點，譬如在培根(Francis Bacon, 1561–1626)、笛卡兒(Ren Descartes, 1596–1650)、洛克(John Locke, 1632–1704)、休謨(David Hume, 1711–1776)、康德(Immanuel Kant, 1724–1804)和黑格爾(G. W. F. Hegel, 1770–1831)那裏，就是自我和世界的聯繫。但在十九世紀，特別是二十世紀，語言這第三個因素，變得越來越突出。有些立場就專注在某一個因素——極端客觀主義(extreme objectivism)、極端主觀主義(extreme subjectivism)、或者把世界和自我看作語言的建構。我們更為常見的立場是，對它們中間的兩種或者所有三種作出彼此相互作用的說明。

神學深入地涉及到認識論的討論，至少不止是上述六位思想家的貢獻和挑戰。可以想見，無論甚麼時候提出一種新的有力的哲學認識論，神學反應的範圍不外乎第二章所討論的五種基本類型。這就是，有些神學家會採用新的認識論，運用有關真理、知識和意義的標準的哲學立場，試圖重新思考神學問題；其他的則會對此完全忽略；在這兩者之間，對於這種認識論還會有一系列的批判性運用。在這個複雜的認識論雷區，神學的初學者怎麼開始呢？在本章的其餘部份，我以三種方式介紹這一領域。

第一，因為神學老是要遇到那些過於單純化、不甚恰當的概念，所以，我要舉出認知普通的、日常的對象——蘋果——的例子，說明能被採用的一系列方法。這種練習的課程能給讀者提出一種好的認識論的向度。

第二，我要運用基督教的上帝觀念，這在前幾章已經是一個主導的例子，考察能公正對待這種上帝的認識論的輪廓。

最後，我建議把「智慧」作為最有用的單獨的術語，不僅是針對完美的神學裏的理解和認知，而且也針對那些結論與我們自己的神學不一致的神學裏的理解和認知。

認知蘋果

以蘋果為例。你要學會甚麼是蘋果，首先是把「蘋果」這個詞和這種對象聯繫起來，然後是用視覺、觸覺、味覺和嗅覺這些經驗建立關於蘋果的聯想。所以，從一開始就把蘋果、語言和自我牽涉在一起了。

但是，要認知現在放在你面前一個碗裏的一個特定的蘋果時，將會發生甚麼事呢？提出這樣的問題像是有點造作，因為這個過程是自動的，我們通常不會關注這裏面的要素。不過，為了弄明白這個認知過程，盡量這樣做也是重要的。我們現在從有益的三個

圖10　蘋果，塞尚約作於1877-1878年，承蒙劍橋國王學院院長及其同事的惠許。

層次的描述開始，這是由哲學家暨神學家貝爾納德·龍訥根(Bernard Lonergan)提出的。*

這是一個蘋果嗎？

第一個層次是和這個蘋果相關的經驗，很可能是首先通過觀察。所以，你看見在一個碗裏有東西。

但是，觀察可以只是張嘴觀望。你只是開始了

*　他在這個問題上主要著作有Bernard Lonergan, *Insight: A Study of Human Understanding* (London and New York 1957)，把它用在神學方法上著作有*Method in Theology*。像所有的認識論一樣，這是可以商榷的，但至少給出了某些內容清楚的作測試。

解，如果你提出(或暗示)一個問題——在這種情況下：它是甚麼？

接着發生第二個層次：當以前的知識和現在的經驗聯繫起來時，你可能會有一種見解：它是一個蘋果！這是現在你對那個對象的理解。但是，這種見解可能是錯的。它可能是用塑料或石膏製成的蘋果的模仿物。

所以，你就要進一步提問，測試你的見解。你可以摸摸它或聞聞它或咬咬它：它感覺起來是怎樣的，它的氣味或味道是甚麼樣的？這會引出一個新的見解，加到你的第一個見解裏：我是對的！這是一種判斷，被測試了的見解的層次。判斷在認知過程中是決定性的階段。

只有在這個層次上，經歷了經驗、質疑、理解、進一步測試問題這個過程，我們才能說具備了知識。所以，在回答「這是一個蘋果嗎？」這個問題時，知識就是我們在提問並且在回答相關問題時我們所擁有的東西。對於這個蘋果，可能不太會有許多爭議，但是，對於那些問題和回答，當然經常會有不同的意見。不過，關鍵的一點是，大家至少會同意，追蹤相關的問題要有這些層次：如果認為經驗就是認知，或者認為未被測試的理解就是認知，這是幼稚的。認知是經驗＋理解＋判斷，獲取知識的動力是質疑。

現在你能做一個實驗：看看這個模式是否適用於你

想認知的其他事物。如果還沒有經驗、理解、判斷，沒有遭到徹底的質疑，你能宣稱真正認識了某物嗎？

更多的蘋果問題

迄今為止，你只是解決了一個相當簡單的關於蘋果的問題：它是甚麼？認知這個蘋果還有許多其他的向度。如果關鍵的因素是我們感興趣的問題，同意我們剛剛説明的認知圖景，這就不足為奇了。

有些問題會導致科學研究。和其他的水果聯繫起來，它應該被怎樣分類呢？如果它要脱落，為甚麼會往下掉呢？它的化學組成是甚麼？它的基因組成是甚麼？它的生長需要甚麼樣的氣候？它對人類或其他動物有甚麼營養？

有些是屬於農業的。這蘋果是怎樣生長的？它能受到噴霧器噴出的農藥保護嗎？果樹是怎樣被剪枝和施肥的？

有些問題是屬於經濟學的。它值多少錢？誰種的？誰在銷售，從中又有多少利潤？為甚麼是現在這種蘋果而不是另外一種？用甚麼支付採摘蘋果的人？要支付多少進口税？這些問題很容易進入政治問題，譬如最低工資、貿易政策和農業政策等。

有些問題是屬於烹調的。蘋果應該怎樣燒呢？應該加入甚麼香料、調味品和肉？

有些問題是社會的和文化的。甚麼情況下能吃蘋果？你怎樣有禮貌地吃蘋果？如果我女兒把它送給她的老師，這意味了甚麼？如果這蘋果是某個你所愛的人送來的禮物，那麼它表示了甚麼？你在文學、電影、藝術裏對蘋果有甚麼聯想？

有些問題亦可進入美學領域。這個蘋果美嗎？你怎樣才能更好地欣賞它的顏色和形狀？在你想到塞尚(Paul Cézanne)的一些蘋果畫作以後，你看這個蘋果時有甚麼不同？

這裏也有歷史的問題。這種蘋果最早是甚麼時候種植的？從種下到上你的桌子，這個特定的蘋果有甚麼歷史？它會被偷嗎？經濟的、農業的問題也是與歷史問題有關的。其次也有個人的問題。你喜歡蘋果嗎？根據你自己的過去，這個蘋果能引起你甚麼聯想？你會辨別出不同蘋果的氣味和味道嗎？

蘋果的教程

所有這些問題，都是合理地與認知一個蘋果有關。我們從中要對認知過程獲得甚麼教程呢？我想撮舉八個教程。

第一，在不同類型的問題裏，我們在認知所觀察的事物時，就會有許多正當的興趣。

第二，我們在認知服務於這些興趣的事物時，通過自然科學、人文科學、歷史、藝術、個人經驗和證據等等，就有許多正當的方法。有一種危險是把一種興趣及其方法看得比另一種「更好」。所以，譬如，把蘋果當作一堆化學物質，這種科學興趣比起把蘋果當作商品的經濟興趣，或者把它當作符號的文學和文化興趣，要被認為對於「認知」更為真實。

第三，知識既是個體的又是社會的。個體的方面(每個人的經驗、理解和判斷)是顯然的，但社會的方面經常被忽視。如果你要充份地回答那些關於蘋果的問題，你就得借助許多其他人的研究、知識和證據。所以，我們所知道的大多數內容建立在信任的基礎上。換言之，我們相信他人的經驗、理解和判斷。

因此，在我們所知道的東西裏關鍵的要素是我們相信誰。認知過程中的許多事情，實際上都是想判斷應當信賴誰。如果可靠性的名聲受到傷害或破壞，就會有衝擊波——假如科學家或科學家小組被發現在他們報告的結論裏弄虛作假，假如一本備受重視的參考書被發現是錯誤的，假如考古學家在挖掘時「種植」證據，假如警察先行審訓，假如教師故意教錯我們，假如父母欺騙我們，假如我們的配偶或孩子被發現是在説謊。這些都會傷害那些關係到信任度的關鍵紐帶，那種信任原本可以使我們認知超出我們極端有限的經驗、理解和判斷之外的任何事情。

第四，知識在相當程度上是即時而成的(instantaneous)，但是大多數情況下它是延時而到的(over time)。佔支配地位的知識概念，傾向於是「看一眼」。但是，看一眼那個蘋果只是給予了一點基本經驗。你認知它甚麼，取決於你所提出的問題和你所運用的方法。如果這個問題是：它是甚麼？或它是甚麼顏色？你的答案可能是即時而成的，而且是正確的；但是，一項化學分析，要決定殺蟲劑怎樣影響這個蘋果，那就要化費一點時間了，甚至還要取決於化學方面多年的科學合作，取決於分析師化費多年的精力從事這項測試。總的説來，較為重要的那種認知要化大量的時間：譬如，認知一種語言、一個人、一門學科、一種藝術、一個宗教。甚至許多看似即時而成的認知，其實也是長期經驗、理解和判斷的結果，就好像醫生不假思索地瞟一眼，就能作出診斷。

第五，一個知識單位，諸如「這是一個蘋果」，可能是相對獨立的，但是，進一步的問題通常是要揭示，一個知識單位和其他單位是怎樣相互關聯的。僅僅通過提問和追查各種聯繫，認知一個蘋果，就能和許多科學、農業、經濟學、政治學、烹調等等相關。知識這種網絡化的性質，導致了一種評判其可靠性的方法，即通過參考一個知識單位與其他單位的內在一致性，這種觀點被稱為貫通論(coherentism)。這在歷史上經常和另一種觀點存在張力，後者強調某些基礎的、其他知識以此奠基的經驗、信仰或公理的獨立性，這種觀點被稱為基礎主義(foundationalism)。

第六，知識的相互關聯性被認為越豐富，語言就顯得更為基本。關於蘋果的整個討論，是在運用語言，而語言在所討論的各種認知形式裏是一種基本的構成。有些極端的觀點認為，語言「建構現實」——我們從來沒有出離語言，它瀰漫在我們的思想和感受裏，型塑着我們的「世界」。大多數觀點想說明語言怎樣指稱不同於語言的現實，所以，關於語言怎樣可能被說成是對現實的「回應」，也就會有很大的爭論。

第七，整個過程通常預設了人類認知者。所謂「客觀的」認知，脱離了特定的人的經驗、理解和判斷，其實並不存在。被稱為「客觀的」東西，通常是被一群受信賴的人判斷為真實的東西。因此，人類認知者的形成，在他們的認知過程中是關鍵的——培訓分析蘋果的化學師，塞尚嚴格的藝術學習，歷史學家評價原始資料、判斷曾經發生的事情的能力。

第八，整個過程也是可能犯錯誤的。它在每個層次和每次運作中都可能犯錯。這個對象及其認知過程越是複雜，排除錯誤就越是困難。但是，你能辨別甚麼時候你錯了嗎？唯一的辦法就是經過經驗、質疑、理解、測試、判斷這個過程，面對其他人的糾正。這意味着，知識不僅是可能犯錯誤的，而且也是可以糾正的——它能為發現錯誤的同類工作所糾正。

一種有價值的認識論，至少是要盡量公正地對待認知的這些特徵。它承認世界、自我和語言的重要性；能説明不同的興趣和方法，説明認知過程何以是社會的、暫時的和互相關聯的；能不斷地留意自己的容錯性(fallibility)。

蘋果的未來：決策與行動

不過，對於這個蘋果的質疑，還有一個重要的層次：詢問有關這個蘋果還要做甚麼。這是決定行動的層次。你會吃它？燒它？種它？賣它？畫它？扔給某人？觀想它？以它作實驗？有些認知的方法已經涉及到對這個蘋果採取行動的決定——觸摸、嚙咬、分析它的化學成份。所有這些決定影響到這個蘋果的未來。這個蘋果的實在性僅僅是在過去、現在，或者同時也在未來嗎？

認知和未來是怎樣相關的？未來和現在的分界面，是在經驗、理解、判斷和決策相互作用的地方。這顯然有其最為重要的實際意義。不過，蘋果的未來還是沒有決定。所以，如果我們想知道它的未來，我們需要承認，這些答案可能會受到我們的決策的影響。事實上，在我們的認知過程中，總有一種未來的視域——我們在追蹤這些問題時具有某種目標或興趣。所以，對未來的取向進入了我們現在的認知過程，我們怎樣質疑、我們能發現甚麼，這是一個關鍵的因素。在表達其他的未來時，語言就特別的重要；自我和世界都會被實際的決定改變。所以，菜譜給出了燒蘋果的各種做法，而吃客和蘋果都被其中某一種選擇改變了。通過只能部份地型塑現實生活的知識，世界、自我和語言組合在一起。

蘋果以外：適當的認知

我們對這個蘋果已經化了很長的時間，為了便於領會認知最為重要的一些特徵，完全值得舉出一個相對簡單的例子。但是，在這篇導論裏談及認識論最終的動力，是要注意我們在越出蘋果的範圍時所發生的事情。

經驗、理解、判斷、決策還在進行，但是，不同的對象需要不同的進路——經驗一次喪失親人、一場夢、一個法律體制、一首歌、或者一個戀人，將和經驗一個蘋果迥然不同，相關的質疑、理解、判斷和決策，亦復如是。例如，情感和想像，在生活裏是非常重要的，深刻地影響到我們的認知，但是，它們和認知一個普通的蘋果通常沒有太大的關係。

塞尚的蘋果只是打開了這個問題：藝術和各種傳媒怎樣型塑我們的認知。小說、電影、錄相、電視在形成我們的世界圖景時深有影響，但是，我們怎樣開始公正地對待它們的豐富性，測試我們通過它們接受的東西的可靠性？我把語言放在上述三角關係的一角，但那顯然還要擴展，還要包括圖像、音樂、舞蹈、手勢等其他有力的交流手段。

所以，從那個三角關係來看，世界比蘋果要複雜得多；語言只是交流的一個方面；第三個角，自我，當然在形式和向度上也是特別的多變。我們是誰，我們怎樣經驗，這會受到我們以前的生活、性別、年齡、健康以及其他一堆因素的影響。自我總是社會的，所以，我們參與其間的社群和傳統，進一步增加了認知的複雜性。

從所有這些情況裏，我們得出一個非常重要的結論：我們的認知，因為在每種情況下有如此之多不同的因素，不得不相當地尊重特定的事物。認知必須適合正在被認知的特定事物，也必須說明所有其他與自我和語言相關的細節。我試圖用經驗、理解、判斷和決策這些術語，對認知的結構和動力進行歸納，我認為，這對於提升有關認知的自我意識是有幫助的。但是，這些運作掩蓋了大量的多樣性，在特定的情況下參考它們，有點類似於你用一張世界地圖去找花園邊的小路。世界地圖有它們的用處，但是在大多數情況下認知我們周圍的路，就只要在花園或市內地圖這個層次上。

所以，「適當的認知」成了一句標語。這會引發大量的麻煩，但這也有助於阻止許多破壞性的錯誤，這些錯誤危及到認識論，並且可以被歸納在「不適當的認知」的名下。這在神學有其特別的重要性。這裏匯集了許多學科，面對了各種濃厚的興趣和庄重的承諾，思考眾多長期的全球性社群和傳統，考驗世界、自我、語言的性質和現實。把這裏所提出的認知問題過於簡單化，這是一種很大的誘惑，這在信仰者、非信仰者以及所有的學科裏都會出現。

上一章考察了何種適當的認知與文本、歷史有關。龍訥根的方法是，把經驗、理解、判斷和決策四個層次的認識論運用到文本和歷史，參見他的《神學方法》第7–10章。)本章至此只是詳細觀察了一個蘋果。文本、歷史和蘋果，顯然只是特殊性的三種類型，研究適當地認知與神學有關的其他事情的方法，這確實引人入勝。這些就包括人類行為和心理學；國家、社會、經濟、制度和文化；自然界及其進化；音樂、建築和電影。圍繞所有這些東西，也都會有複雜的哲學爭論。為了集中在認知上帝，我在這裏就要跳過這些重要的領域。

認知上帝

甚麼是有關上帝的適當的認知？第三章已經提出了這個問題，在集中到基督教三位一體的上帝這個觀念以前，我們討論了「神」的各種意義。當時，我們考察了證實三位一體上帝的實在性可能會涉及的東西。借用本章的認識論教程，我們現在可以擴展這項考察。

所知

蘋果和上帝之間一個顯著的差異是，上帝不像蘋果那樣是世界裏的對象。上帝並不僅僅是在那裏要我們去檢查和證實，用這種方法證實的任何東西，可被稱作「神」，但不是三位一體的上帝。這種情況毋寧是相反的：基督徒深以為信的東西是，人類有關上帝的認知最重要的特性是人被上帝認知。這個蘋果不會認知我們，不會説出它是怎樣被認知的。在這個方面，基督教的上帝更像一個人，而不像蘋果。但是，認知一個人和認知基督教上帝之間的一個差異是，在上帝怎樣被認知方面，上帝被認為擁有完全的主動性。認知上帝通常包括要認知那個被上帝完全認知的人。

認知這位上帝的核心，因此就要有徹底的被動性、接受性或依賴性，把這比作是被創造。這裏並不排除各種積極的質疑、搜集、理解、判斷和決策(參見第三、四、五章的討論)，但它排除把我們自身想像成在一定程度上控制了認知上帝的過程。這種觀點對於這些人是有攻擊性的，如果他們對適當的認知唯一的觀念就是認為，認知者控制、主宰其標準和方法。

然而，如果認知者在一定程度上相信他或她已被一位需要以某種方式被認知的上帝認知了，那麼，這就會改變整個認知過程。至少會對何者是神學的認知作出同情的理解，需要這樣的練習，努力想像這種「認知，同時又被上帝認知」。用神學的術語，這涉及到盡量在創造、啟示和恩寵這些觀念裏面思考自身。不過，這還不太可能是適合基督教三位一體的上帝的認知概念。為了探索上面所講的內容怎樣可能和認知三位一體的上帝有關，我現在要概括以上從認知蘋果學到的八個教程，加上緊接着所講的決策和行動的教程。

認知上帝的九個教程

本節的目的是要描述主要的研究路徑，以及適用於基督教上帝的認知原理。

(1) 興趣和問題

這裏最適宜的興趣，就像在其他研究裏，顯然是在真理。這種興趣，一旦取向這位上帝，就包括了詢問創造的真理，從整體上認識它的起源、特徵、延續和目的；詢問歷史的真理，特別是指稱耶穌基督；詢問人類繁榮的真理，特別是指稱參與上帝的聖靈。把上帝作為創造者、救世主、不斷地轉型和祝福的源頭，這些興趣預設或導致了一種統攝性的興趣：上帝是誰？它們也涉及在許多其他研究裏的興趣，譬如，探究經文和其他目擊上帝的證據的真理，向各種基督教回答發起挑戰，提出備選的回答。

但是，假設我們滿腹狐疑地研究了各種方法，其中很可能是我們自己感興趣的、有偏見或成見的、或者只是非常嚴格地限制在研究上帝方面，「興趣」也就更具批判性的刺激。由於「既定的興趣」，它與質疑上帝所能引發的完全的開放性正相對立，信仰者和非信仰者都無法回避這個問題。

(2) 方法

如果要徹底追問我們對真理的興趣，那麼，許多方法都是相關的。它們可以用來指導我們解釋文本、對創造和歷史事件作出判斷、評估論據、更好地理解我們自己，以及從事其他許多事情。當我們在質疑這位上帝的真理，面對上帝以上帝的方式揭示上帝是誰這種自由時，所有的方法很可能達到了它們的極限。

對於上帝的自由和人類研究方法之間的分界點，基督教神學家存在着嚴重的分歧。一種極端的說法是，這些方法不重要，因為上帝可以非常自由地繞過這些方法，而且這樣做是習以為常的；另一種極端說法是，上帝的自由和人類方法之間不僅沒有競爭，而且甚至是上帝習慣於借用這些方法工作。當然，在基督教範圍之外，許多人認為，人類方法根本不能支持這位上帝是真實的論斷。

對初學者而言，抓住極少數經典思想家和文本，盡量向過去和現在的解釋者學習，慢慢地積累觀點，理出重要的發展環節，通過文本嚴肅地「回溯問題」，除此之外，很難再有更好的方法。面對那些問題，就要去思考祈禱在神學裏的角色。

(3) 個體的和社會的認知

在蘋果這個例子裏，我們發現，研究越是深入，我們越是依賴於相信其他人所發現的東西。如果在這個例子裏社會性傳播的信任是重要的，那麼，聲稱有關上帝的這種社會性傳播的信任就更為重要，這也就不足為奇了。認知三位一體的上帝不可避免地是社會性的，涉及到相信他人的證據，成為經文解釋者、崇拜者社群的一員，關係到所有人的義務。由於解釋的傳統(包括拒絕這種理解上帝的人)，由於研究神學的學術界或其他社群，有關三位一體上帝的認知活動也是社會性的。

神學的初學者，對於他們的誠心以及在他們身上的影響，要盡可能地誠實。忠實於宗教的、學術的或世俗的傳統，彼此就會有衝突。在三位一體的上帝這個信仰裏，存在着張力：一方面是造物主上帝的召喚(summons)，要在整體的創造作為某個社群的語境裏注視整個人類；另一方面是通過追隨耶穌基督的感召創造出(call)來的社群。在後來的社群裏，存在着嚴重的分歧，許多是由於想進一步區別對待那些是或不是「神聖的」或者「有靈的」的人。所以，建構三位一體上帝的概念，是輕鬆地得到和諧的社群的動力。神學有關上帝的討論，是在所有這些不同的社群裏面或之間展開的，而非社會性的神學(asocial theology)就不在此列。

(4) 即時的和長期的認知

第三章清楚地講明了，認知三位一體上帝暫時的方面。這位上帝通過人和社群的歷史、故事獲得認同，三位一體作為教義經過了幾百年的發展。這個教程是，儘管各種覺悟的時機都有可能存在，但它並不能期望，認知這位上帝將是即時而成的或瞬間完成的。毋寧說是，它是累積的、長期的過程，要依賴許多境況和討論加以測試，編織進各種各樣的線索。這位上帝的觀念，引發了長時間上帝的自我交流(self-communication)，展開歷史的偶然性。

這與認知上帝的社會性緊密相關：在基督教裏，譬如，首要的並不是要賦予「內在的」即時的或私密的經驗，而是要給出人與人之間歷來所發生的東西。不過，瞬間和長期之間的關係是一個爭論不休的話題。在神學裏進行適當的調查研究，其結果是強調要從長期的角度看問題，傾向於首先注重對文本、祈禱文、生命、信仰社群、諸世紀以來創造的關於上帝的其他證據的研究，同時也要給虔誠和智慧的人的判斷賦予權威性，他們的虔誠和智慧是通過多年的實踐證成的。聲稱直接從上帝受到啟發，或者看似能立即說服人的光輝的論點，不是不要受到重視，而是還要經受時間以及通過長期的辯論產生的標準的考驗。

(5) 獨立的和相互關聯的認知

上帝的知識在多大程度上應當被理解為獨立的，在多大程度上能被看作是和其他的認知形式相互關聯的，這在神學討論裏是個經久不衰的問題。這個問題的一種形式是如何聯結信仰(被認為單純是一種神學的理解)和理性(被認為是通用於所有人類認知的東西)。有些思想流派把信仰和理性相對照，有的把它們放在悖論的關係裏，有的認為一個優先於另一個，其他的則肯定它們之間的互補性或非競爭性。

第二章所討論的五種神學類型，也可以讀成是在說明：多樣的信仰—理性關係如何富有特色地構成了整個神學。在第二章提及的二十世紀大神學家裏，巴特強調基督教神學及其上帝知識的獨特性。他拒絕了所謂的自然神學(natural theology)，後者經過各種其他領域的知識的推理表明上帝的存在和性質，他把他的神學集中在經文證實了的、三位一體上帝的啟示。卡爾·拉納，另一方面，也是徹底的三位一體論者，但在神學和其他知識領域之間架設了許多聯結，很想用哲學和其他的術語說明信仰的可理解性與合理性，不過，他不允許其他的框架主宰信仰。

健康的基督教神學需要出現這兩方面的進路，這樣或許好一些。我們可以從兩方面理解三一論：聖父和造物主上帝是徹底超驗和不同的，但也為探索現實中各個領域之間及其與上帝的相互關聯提供了擔保；聖子和邏各斯(Logos，道 Word、理性 reason、合理性 rationale)是公元一世紀猶太人特定的救世主，也是在創造和歷史的連續中被發現的人；聖靈既被耶穌基督這個特定的人呼吸，也被認同為涉及創造的上帝的精神。

(6) 語言和所指

「宗教語言」有許多問題，需要聯繫宗教和高級的世界觀展開討論。這裏包括，如何理解隱喻(「上帝是塊石頭」God is a rock)和其他的形象語言(figurative language，如符號主義 symbolism、象徵學 typology、比喻 parable、寓言 allegory，等等)，類推(analogy，承認相似性和不相似性的表達——「上帝是有位格的，但並不簡單地和你用同一種方式」)的角色，語言怎樣指稱或符合現實這個普遍的問題。

討論三位一體的上帝，總會引發這些話題的爭論，同時亦有其鮮明的特點。語言怎樣公正地對待上帝作為造物主超越人類所有的範疇的超驗性，對此亦有許多爭論。怎樣避免這一幻覺：你已經用語詞「捕獲」了上帝？為了表示適當的謙虛，你只應該使用否定詞嗎？承認所有語詞的不充份，沉默總是一種極致嗎？不過，我們對耶穌基督的信仰賦予了這種自信：

用不着宣佈走投無路，人類語言——特別是以證據的形式——能可靠地指稱上帝。

信仰「給予説話能力的」聖靈，對於討論上帝與人類語言的關係，增加了更深一層的向度。如果上帝被想像成密切地、自由地涉及交流者(communicator)，那麼，就會不斷地有上帝借以表達的新的「語言事件」(language events)——這可以擴展到包括祈禱文、音樂、建築、重要的行為和生活。

語言還能構成規範事件(formative events)。我向你發誓；我原諒你；我祝福你。這些被稱作「行為表述」(performatives)，語言在此表述事情，而不是用任何顯著的方式指稱它們。它們對於聯繫上帝具有巨大的重要性。

我們的結論是，語言能以許多方式與上帝發生聯繫，把所有的表述類型還原為一種所指(reference)的形式，這是不可能的。就像三一論要談論三位之間動態的互動，語言類型之間亦有複雜的動態互動。主要的類型有類推、隱喻、敍事、祈使和表述，神學和哲學發展出了每一種類型與上帝有關的例子，可以用來討論、測試和批評。不過，初學者記下這一點是很重要的，討論時所有的技術複雜性，其基本問題是神學判斷。例如，如果有人相信耶穌基督是上帝的自我交流，那麼，在他看待語言怎樣指稱上帝時，這很可能就成了決定性的因素。

(7)人類主體性

看了這一頁紙以後，那些不能用英語閱讀或者不懂英語的人，他們的理解和那些能用英語閱讀的人就會很不相同。認知與誰是認知者有關，這可以例證前幾章反復說明的事情。在認知三位一體上帝時，甚麼是閱讀英語的類推呢？顯然，基本的要求是其他懂得這門「語言」的人說過、教過英語。沒有人能在沒有「聽過、信過」上帝時就斷定這位上帝。

開始(或者放棄)對這位上帝的信仰，顯然有許多不同的方法——它們在此不是我們所要關心的事情。關鍵的事情是要記住這裏沒有中立性：每個自我都是以特定的方式形成的。在思考上帝時，很大程度上關係到甚麼是我們「自我的實踐」，關係到甚麼要進入我們的經驗、理解、判斷和決策。首先，在看待認知的社會性質時，它關係到我們應該信任誰。認知三位一體的上帝，就要成為相信某些證據的社群的成員，允許它的主體性通過某種實踐(崇拜、信任、希望、愛、懺悔、研究經文等等)形成，在所有這些裏面要承認被上帝認知的首要性，而這位上帝總是要比人類的理解力更偉大。

關於這位上帝的認知活動，也涉及到主體性。在學院神學裏，這意味着要學會有關文本、歷史、哲學以及其他許多方面的技能。信仰的主體性以及由學術訓練形成的主體性之間怎樣相互作用，神學的許多方面均要受此影響。當然，這種相互作用不僅發生在不同的人之間，而且也經常發生在同一個人上，屬於在信仰和理性的關係的主體一面。

(8)容錯性和可改性

在宣稱要認知三位一體的上帝時，對於那些拒絕這位上帝或信仰其他神的人來講，容錯性是很明顯的，改正這些錯誤，涉及到要放棄有關知識的聲明。但對那些相信上帝的實在性的人來說，也有巨大的容錯性範圍，就像歷代的爭論所表明的，這些爭論的各個方面不可能全都正確。在認知上帝的許多向度裏，任何一個都有可能犯錯誤：被歪曲的或不充份的經驗、誤解、誤判、不明智的決策、壞的或不適當的實踐。

但是，容錯性還有更深一層的向度，要被融入上帝這個觀念裏。如果這位上帝「比任何可以想像的事物都要偉大」，那麼，所有的概念難免都會顯得匱乏。經典基督教神學裏最重要的原則之一，是用拉丁短語概括的，即 docta ignorantia，「有學問(或有教養)的無知」。這就強調了，知道己所不知有多麼重要；關於這位上帝的真實知識，其基本特徵是承認個人巨大的無知，這種無知總是超過了、包圍了任何已知的知識。擁有一丁點兒知識，被認為是更加危險，因此人們足以借此否定任何有關上帝的知識。承認無知、狹隘的假設、偏面的形象、有限的知識能力、他人具有更深的知識的可能性，所有這些表明自我需要經過徹底的轉變，首先是要有在真理面前的自覺卑微的美德。

(9)決策和行動修正

所有其他八種教程，就要實踐的向度。你會深刻地受到你所決定的和你所從事的事情的型塑。你的重大決定會把你轉化成一個不同的人。那時你發現自己處在某個位置上，在這個位置上可以知道除此之外不會知道的東西。如果你決定研究醫學，成為一名醫生，以此作為終生的職業，你很可能會以不再抱有進一步幻想的方式理解自己和他人。如果你和一個人結婚，而不是另一個人，那麼，你就會了解那個人，憑藉那些缺乏決心和承諾不可能做出的事情，你受到他或她的感染。信仰上帝，以及參與有關的實踐和聯繫，與此類似。對信眾而言，信仰的不同方面，智力、情感、想像力、決定或承諾，其相對的主次在神學裏有着深刻的差異。

顯然，有些基督教類型和有些神學，強調某一個更甚於其他的方面。但是，承諾內在於這位上帝的知識，這種觀點並沒有甚麼分歧。這種合理性和在人類友誼或婚姻裏一樣清楚：這位慈愛的上帝是通過愛和被愛認知的。

智慧的神學

這是本書最長的一章。這也不足為奇，因為理解和知識的問題，在神學的每個環節上必然會出現。這也可能是最複雜的一章，同時演繹了許多因素。最後的問題是：所有這些怎麼可能糅合起來呢？

我認為，這裏最有用的、單一的觀念就是智慧。智慧可以完好地生成理解，在第一章討論的多元控制裏型塑生活。智慧並不僅僅關心更多的信息和知識，也關心它們和現實的其他向度是怎樣聯繫的，最重要的是，它們怎樣服務於在第七章裏被描述為拯救的全面繁榮(comprehensive flourishing)。智慧因此涉及到生活的各個向度，譬如苦難、歡樂、或者存在的目的，而這些在許多學術裏是要被懸置的。對一位神學家來說，這可能被看作是最令人滿意的全面的「興趣」，包括真善美，關係到整個在上帝面前的現實的生態學。這也可以寫成一種警告的形式：無關智慧的神學信息和知識，務必謹慎！

作為智慧的神學，與主要的宗教和哲學傳統產生了強烈的共鳴。尋求智慧是一種普遍的追求。這決不是一種舒適的真理：這種追求產生激烈的爭論和差異。但到現在，應該相當清楚：宣稱沒有疑義的確定性、或者所有其他人的概觀，盡量避免這些差異，這種神學其實是不可信的，也是不明智的。對智慧來說，明顯的需要是，怎樣面對這些差異，允許特定傳統的特殊性和深度，能公正地對待它們。最好的神學是一門能產生這種需要的學科。這種智慧的學習、教授和豐富，是其最根本的特徵。當發生這種情況時，哪怕是小規模的，人們開始急切地、甚至狂喜地讚美智慧，激賞它流溢在如此之多的社群、經文、典籍、祈禱文和私人證據裏。

第四部份
前　景

第十章
新千年的神學

最寬泛的神學是思考宗教及其提出的問題(參見第一章)。如果神學被認為是關注這個領域裏的問題，那麼，毫無疑問，如果人類還要繼續，神學在第三個千年裏，至少和以前一樣常見、一樣需要。認同世界宗教的信徒的數量，已經佔了世界人口的大多數，而且還在繼續攀升。將來的問題，很可能不是減少興趣、重要性或者可能的爭議。因此，神學思考的範圍很可能還是廣闊無邊的，儘管其中許多東西是從沒有人會想到要貼上神學的標籤。

神學處理意義、真理、美和實踐的問題，這些問題是在聯繫各種宗教時提出的，並且要通過一系列的學科(參見第二章)求索。如果這是學院神學一個寬泛的定義，那麼，在第三個千年很可能會迎來學院神學的繁榮。在廣闊的背景裏，從某種特定的神學傳統成為規範性框架的地方，到任何一種神學被看作思想史裏相對不重要方面的地方，我們都要研究探索這種神學。學院神學不必遵照上述兩種模式，可以超越「神學和宗教研究」的兩分法，這曾是第二章特別加以討論的主題。學術機構(在這些機構裏神學得到某種形式的研究，受到全球性的觀察)的數目，在二十世紀出現了巨大的增長，這種趨勢並沒有出現回轉的跡象。相反，機構和課程還在繼續增加，神學的學術產出同樣也在擴增。

不過，就未來的神學重要性，這些大量的評估，並不能説出太多的東西。如果，就像上一章所辯論的，神學最全面地關注智慧，那麼，更多不必意味着更好。對初學者和其他人來説，巨大的數目會相當混亂。更多地出版的壓力，以及出版商、傳媒、學術的「高級管理」、宗教領袖、學者聯誼會、私人或公共部門的慈善家、其他資助神學著作的人的各種興趣，很容易逆轉我們對智慧的追求。「懷疑解釋學」需要運用到產生神學的情況裏。

這裏並不是想作出定量的或定性的預言，我是要用一種疑問的口氣瞻望神學的前景。就像在前幾章所強調的，關鍵的是用來指導研究的各種問題。我這裏只想引出新千年神學所要面臨的最重要的五個問題，其中大多數是從已經説過的內容裏自然地引申出來的。前幾章的主要焦點是在基督教神學，第一章已經解釋過其中的原因，但以下的問題是想要(以適當的修正)運用到也關心其他宗教傳統的神學上。(它們建立在我在《現代神學家》*The Modern Theologians* 結語裏所提出的問題基礎之上。)

1. 上帝的問題、所有其他有關上帝的研究，會佔據這個領域的中心嗎？

這可能看似一個令人驚奇的問題，但是，考察這個領域內的課程以及其他的發展表明，我們決不能想當然地認為，上帝(或者任何相應的術語，為了最能統攝一切的真實的東西，它們可能被用在各種不同的宗教傳統裏)一定會佔據這個領域的中心。當然，許多對於宗教的學術「興趣」會恰如其份地懸置這個問題。但是，如果在這些興趣的支配下，排除宗教自認為最重要的東西，那麼，神學就受到了自身就需要受到神學批判的意識形態的控制。這決不是排斥無神論，以及其他在神學方面懷疑論的或懷疑的話語(discourse)。這就保證了它們不會支配討論所用的術語，作為一項最低的要求，(這種討論)必須能夠公正地對待信仰的特殊社群的自我理解。

「上帝」一旦確實是在日常事務裏，那就不會有武斷的研究限制。這就會引出本書已經提出的各種問題——崇拜、倫理學和政治學、慾望和責任、罪惡和人類的繁榮、歷史事實、文本解釋、諸多學科的知識、關於真善美的智慧。

這些令人震奮的可能性，作為這些領域裏的神學活動而受到研究，我們在前幾章不過是作了淺嘗輒止的介紹。

2. 神學怎樣在諸多領域裏周到地負責？

各種學科日益意識到它們決不可能「價值中立」。有些倫理問題是關於某個領域為甚麼以及怎樣得到開發培植。我們在第二章建議，神學要面向學術界、宗教社群和社會，把它作為一種責任的「道德生態學」。我們在盡量完成其中每一項責任時，都會遇到巨大的挑戰。學術界決不會清楚，在各種快速發展的領域裏，神學家能胜任從事最好的思想研究的任務。他們也不清楚，當代的大學、研究機構或神學院可以有充份的熱情，去研究和教育廣義上追求智慧的內容。

當社會變得更加要以知識為基礎，對教育投入更多的資源，充斥了各種信息時，我們就容易想到，宗教社群應當發現改善學習、傳授和思考的緊迫性。有些人會這麼想，但在宗教信徒中間對於學術教育經常還持有眾多的懷疑，特別是在涉及神學內容的時候。這會使他們的神學責任經常成為一項冒險的事情，特別是當這種神學責任對有爭議的事情需要公共的討論時。在作為一個整體的社會裏，神學的責任並不單單是有助於討論被貼上「宗教的」標籤的問題。如果本書所提供的對神學的理解是可以接受的，那麼，神學對於工業、民族、制度、職業、文化以及所有各種實踐的形成，顯然是有貢獻的。神學顯然也關心日常生活的型塑，包括家庭、關係、悲傷和歡樂、閑暇和工

圖11　格林尼治(Greenwich)千禧年圓頂

作。各種宗教的智慧傳統，它們隨機應變地回應各種新情況和新事件，有助於型塑各個層次的社會和日常生活。在它們提出的各種深謀遠慮裏面，對於見多識廣的理解的需求是沒有止境的。在為制度性的宗教角色而準備的東西之外，推展神學教育和文獻的結果之一，是現在出現了一批在神學思考方面受過良好教育的人才，他們被分散在這個複雜的社會各個角落裏。在他們之外，還有數以百萬計的人對神學問題抱有明智的、有教養的興趣，顯然，在涉及到各種社會問題時，對於神學思想性的需要總是超出了我們所能提供的東西。

3. 為了服務於三方面的責任，怎樣形成學術機構？

在神學的各種背景裏，這是最契合「建制」(polity)的問題。根據機構的類型、歷史、建立、宗旨和目的，在對學術界、宗教社群和社會的責任之間需要各不相同的平衡。但是我們很難發現，忽略了其中某個或多個完全正當的責任，而且，每個責任通常都能受益於其他被認真對待的責任。在特定的機構裏形成這種平衡，爭議和激烈的政治衝突的範圍是相當廣泛的，一旦同時存在幾種傳統，就會變得白熾化。

下個世紀主要的挑戰，就是要尋找制度創新(institutional creativity)，以便形成一種環境，讓那些有着不同承諾的人能夠去堅定地追求神學的智慧。這些制度並不單單是人類行為中立的框架，它們體現了規範和神學，不過，替這些學術制度找到合適的神學，已經並不太遙遠了。

4. 對話神學和比較神學怎樣興起？

彼此的熱情、交談、面對差異、嚴格的論據、正直的友誼：不同學科、信仰社群和民族裏那些追求神學智慧的人，如果彼此之間並沒有出現這些東西，那麼，這個世界還會有甚麼希望呢？前幾章只是觸及到神學的複雜形式，盡量通過重大的神學分類去思考。對於這些活動，每種神學傳統需要發展出它自己的基本原理和倫理學，那些聲稱某種概觀的人——無論是從外部的全體還是從內部的一種——需要承認，他們的概觀也是一種「傳統」。

智慧處理其他的智慧及其曲解(perversions)，這是對任何一種智慧的重大測試。方今之世，社會和地區的和平處在危急之中，我們通常要以昂貴的方式去追求這種智慧。學院神學只是在這個大的生態學裏佔據一小部份，但是它的健康仍是重要的。即使在一種傳統及其當代思想和實踐裏，這類繁重的勞動，也需要有教養和智巧，在比較神學(這裏預設了比較宗教學)裏正在成倍地增長。但是，希望個人沉浸在一種以上的能夠全面型塑生活與思想的方法裏，這就不太合適。所以，人們發展出了許多種類的小組、網絡、中心、會議、協商和交換。其中，有些學術機構也能成為在完全不同的神學之間產生慷慨的、甚至是大敢的熱情的場所。顯然，第三個千年還是迫切需要有這類場所的。

5. 誰來研究神學？

有關神學的核心主題、責任、機構和對話，在前幾個問題裏預設的東西，是屬於神學家個人的。第三個千年的神學顯然會受到那些從事神學研究的人的型塑，其中可能包括本書的讀者。我已描繪了分散在社會各個角落的神學家，因為神學問題無處不在。對「誰？」這個問題理想的回答是：那些被這些問題抓住的人，以及那些想通過盡可能負責的回答追求理解、知識和智慧的人。當然，其實還有各種複雜的動機以及非常複雜的結果，包括對整個事業的幻覺。

但是，神學的學生也應當意識到，特別是如果肯定地回答了上面第一個問題的話，那麼，就給上帝這個問題賦予了中心地位。至於「誰來研究神學？」，這個問題可能的回答就是：上帝。如果這位學生作了這樣的斷言，那麼，整個視域就發生了變化，以致於就要借用各種智慧的資源，通過被質疑、認知、判斷和肯定，來型塑這個可疑的領域。許多偉大的神學家承認這種全盤接受，把它當作啟迪他們智慧的靈感。他們輪流站在神學的初學者面前，以那種神秘的、傾倒一切的關懷——上帝的問題，正視着這些初學者。

推薦閱讀書目

第一部分　領域的描述

Edward Farley, *The Fragility of Knowledge: Theological Education in the Church and the University* (Fortress Press, Philadelphia 1988).

Hans W. Frei, *Types of Christian Theology*, ed.George Hunsinger and William C. Placher (Yale University Press, New Haven and London 1922).

Colin Gunton (ed.), *The Cambridge Companion to Christian Doctrine* (Cambridge University Press, Cambridge 1977), Part One.

*Trevor Hart, *Faith Thinking: The Dynamics of Christian Theology* (SPCK, London 1995).

David H. Kelsey, *Between Athens and Jerusalem: The Theological Education Debate* (Eerdmans, Grand Rapids 1993).

Ursula King (ed.), *Training Points in Religious Studies* (T&T Clark, Edinburgh 1990).

*Jaroslav Pelikan, *The Christian Tradition: A History of the Development of Doctrine*, 5 vols. (Chicago University Press, Chicago 1989).

第二部分　神學的探索

關於各個主題

Karl Barth, *Church Dogmatics* (T&T Clark, Edinburgh 1936–69, 1975–).

Rebecca S. Chopp and Sheila Greeve Davaney (eds.), *Horizons in Feminist Theology: Identity, Traditions and Norms* (Fortress, Minneapolis 1997).

*David F. Ford, *The Modern Theologians: An Introduction to Christian Theology in the Twentieth Century* (Blackwell, Oxford 1997).

Colin Gunton (ed.), *The Cambridge Companion to Christian Doctrine* (Cambridge University Press, Cambridge 1997), Part Two.

*Peter C. Hodgson and Robert H. King (eds.), *Christian Theology: An Introduction to its Traditions and Tasks* (Fortress, Philadelphia 1996)

*——(eds.), *Readings in Christian Theology* (Fortress, Philadelphia 1985).

*Hans Küng, *Christianity: Its Essence and History* (SCM, London 1995).

*Alister E. McGrath, *Christian Theology: An Introduction* (Blackwell, Oxford 1994).
*– *The Christian Theology Reader* (Blackwell, Oxford 1995).
Karl Rahner, *Foundations of Christian Faith* (DLT, London 1978).
*Ninian Smart, *The World's Religions* (Cambridge University Press, Cambridge 1998).
Jon Sobrino and Ignacio Ellacuria, *Systematic Theology: Perspectives from Liberation Theology* (SCM, London 1996).
Geoffrey Wainwright (ed.), *Keeping the Faith* (Fortress, Philadelphia 1988).

上帝

*Christopher Cocksworth, *Holy Holy Holy: Worshipping the Trinitarian God* (DLT, London 1997).
Elizabeth A. Johnson, *She Who Is: The Mystery of God in Feminist Theological Discourse* (Crossroad, New York 1992).
Nicholas Lash, *Believing Three Ways in One God* (SCM, London 1992).
*David Pailin, *Groundwork of Philosophy of Religion* (Epworth, London 1986).

崇拜和倫理學

*Dietrich Bonhoeffer, *Letters and Papers from Prison* (SCM, London 1971).
*David F. Ford, *The Shape of Living* (Fount, HarperCollins, London 1997).
Catherine Mowry LaCugna, *God For Us: The Trinity and Christian Life* (Harper, San Francisco 1991).
*Susan T. White, *Groundwork of Christian Worship* (Epworth, London 1997).
*Stanley Hauerwas, *The Peacable Kingdom: A Primer in Christian Ethics* (University of Notre Dame Press, Notre Dame 1983).
*Robin Gill, *A Textbook of Christian Ethics* (T&T Clark, Edinburgh 1995).
L. Gregory Jones, *Embodying Forgiveness: A Theological Analysis* (Eerdmans, Grand Rapids 1995).
Hans Küng, *Global Responsibility: In Search for a New World Ethic* (SCM, London 1991).
*Rowan Williams, *Open to Judgement* (DLT, London 1994).

罪惡

John Hick, *Evil and the God of Love* (Harper & Row, New York 1966).

Ignaz Maybaum, *The Face of God after Auschwitz* (Pollak & Van Gennep, Amsterdam 1965).
Reinhold Niebuhr, *The Nature and Destiny of Man*, vol. i (Prentice Hall, New York 1941).
Paul Ricoeur, *The Symbolism of Evil* (Harper & Row, New York 1967).
Peter Sedgwick (ed.), *God in the City* (Mowbray, London 1995).
Kenneth Surin, *Theology and the Problem of Evil* (Blackwell, Oxford 1986).

耶穌基督

*Markus Bockmuehl, *This Jesus: Martyr, Lord, Messiah* (T&T Clark, Edinburgh 1994).
Dietrich Bonhoeffer, *Christology* (Collins, London 1971).
Aloys Grillmeier, *Christ in Christian Tradition* (John Knox Press, Atlanta 1975).
*Jaroslav Pelikan, *Jesus through the Centuries* (Harper & Row, New York 1987; illustrated edn. 1997).
E. P. Sanders, *The Historical Figure of Jesus* (Allen Lane/Penguin, London 1993).
Edward Schillebeeckx, *Jesus: An Experiment in Christology* (SCM, London 1979).
Rowan Williams, *Arirs: Heresy and Tradition* (DLT, London 1987).

拯救

*Paul Fiddes, *Past Event and Present Salvation* (DLT, London 1989).
John McIntyre, *The Shape of Soteriology* (T&T Clark, Edinburgh 1992).
Jürgen Moltmann, *The Crucified God* (SCM, London 1974).
Edward Schillebeeckx, *Christ: The Christian Experience in the Modern World* (SCM, London 1980).
*Stephen Sykes, *The Story of Atonement* (DLT, London 1997).

第三部分　技能、學科和方法

Karl Barth, *Church Dogmatics* (T&T Clark, Edinburgh 1975), vol.i.1.
*Stephen Barton, *Invitation to the Bible* (SPCK, London 1997).
John Bowker, *A Year to Live* (SPCK, London 1991).
Carl E. Braaten and Robert W. Jenson, *Christian Dogmatics* (Fortress, Philadelphia (1984), vol. i.
*Werner Jeanrond, *Theological Hermeneutics: Development and Significance* (Crossroad, New York 1991).

Ernst Kaesemann, *Commentary on Romans* (SCM, London 1980).
David H. Kelsey, *The Uses of Scripture in Recent Theology* (Fortress, Philadelphia 1975).
Bernard Lonergan, *Insight: A Study of Human Understanding* (London and New York 1957).
– *Method in Theology* (DLT, London 1972).
Robert Morgan, with John Barton, *Biblical Interpretation* (Oxford University Press, Oxford 1988).
Wolfhart Pannenberg, *Theology and Philosophy of Science* (DLT, London 1976).
F. E. Peters, *Judaism, Christianity and Islam: The Classical Texts and their Interpretation* (Princeton University Press, Princeton 1990).
Paul Ricoeur, *Essays on Biblical Interpretation* (Fortress, Philadelphia 1980).
Anthony C. Thiselton, *The Two Horizons: New Testament Hermeneutics and Philosophical Description* (Eerdmans, Grand Rapids 1980, 1993).
– *New Horizons in Hermeneutics: The Theory and Practice of Transforming Biblical Reading* (Eerdmans, Grand Rapids 1992).
Paul Tillich, *Systematic Theology* (Chicago University Press, Chicago 1951), vol. i.
Frances M. Young and David F. Ford, *Meaning and Truth in 2 Corinthians* (SPCK, London 1987).

第四部分　前景

*David F. Ford (ed.), *The Modern Theologians: An Introduction to Christian Theology in the Twentieth Century* (Blackwell, Oxford 1997) "Epilogue: Christian Theology at the Turn of the Millennium".
*Hans Küng, *Theology for the Third Millennium: An Ecumenical View* (SCM, London1991).